Changer de Destin

François Hollande

改变命运

奥朗德自述

[法国] 弗朗索瓦·奥朗德 著
刘成富　房　美 译

译林出版社

图书在版编目(CIP)数据

改变命运：奥朗德自述 /（法）奥朗德（Hollande, F.）著；
刘成富，房美译. —南京：译林出版社，2013.6
ISBN 978-7-5447-3387-8

Ⅰ. ①改… Ⅱ. ①奥… ②刘… ③房… Ⅲ. ①奥朗德，F.-自传
Ⅳ. ①K835.657=6

中国版本图书馆CIP数据核字（2012）第253195号

书　　名　改变命运：奥朗德自述
作　　者　[法国] 弗朗索瓦・奥朗德
译　　者　刘成富　房　美
责任编辑　宋　旸
原文出版　Robert Laffont
出版发行　凤凰出版传媒股份有限公司
　　　　　译林出版社
出版社地址　南京市湖南路1号A楼，邮编：210009
电子邮箱　yilin@yilin.com
出版社网址　http://www.yilin.com
经　　销　凤凰出版传媒股份有限公司
印　　刷　江苏凤凰盐城印刷有限公司
开　　本　880毫米×1230毫米　1/32
印　　张　5
插　　页　4
字　　数　67千
版　　次　2013年6月第1版　2013年6月第1次印刷
书　　号　ISBN 978-7-5447-3387-8
定　　价　28.00元
译林版图书若有印装错误可向出版社调换
（电话：025-83658316）

译者序言

法兰西民族是一个伟大的民族，历史悠久，文化灿烂。在“太阳王”路易十四时代，古典主义盛极一时，其丰富的文艺思想对世界产生了极其重要的影响。1789年法国大革命在将路易十六送上断头台的同时，也把“民主”、“自由”、“博爱”的精神灌输给了全世界。具有传奇色彩的拿破仑一度横扫欧洲大陆，在为自己创造神话的同时，也创造了法兰西神话。十九世纪的法国涌现出了巴尔扎克、雨果、斯汤达等经典文学家，在世界人民的心目中进一步巩固并提升了其文化强国的地位。二战前，法国俨然是个大国、强国，其海外殖民地的面积是法国本土的二十倍，加起来甚至比中国还要大。第二次世界大战后，随着反殖民主义的浪潮一浪高过一浪，殖民地国家纷纷独立，“法兰西帝国”随之土崩瓦解，世界格局发生了新的变化。

随着世界经济一体化，尤其是进入二十一世纪之后，世界的经济活跃中心开始向亚洲转移。法兰西的民族优越感、自豪感受到了严峻的挑战，昔日昂首挺胸的“高卢雄鸡”似乎成了束手束脚的“笼中困兽”。经济上，法国不仅无法跟美国、日本、德国相抗衡，而且还受到了发展迅猛的金砖五国的猛力冲击。在经济发展严重受挫的同时，法国的社会矛盾也日益尖锐，就业问题、财政问题、移民问题、宗教问题、贫富差距问题、医疗问题、社会保障问题等不断引起社会动荡与不安。萨科齐统治下的法国已经遍体鳞伤、不堪重负，法国人再也无法接受如此残酷的社会现实。这不是法国人应有的处境，这不是法国人应有的命运。法国人希望能有一个英明的领袖，带领他们赶紧走出低谷，重新以“高卢雄鸡”的形象骄傲地站在世人的面前。

时势造英雄，奥朗德脱颖而出。他用“改变命运”作为总统竞选的口号，让失落的法兰西民族看到了一线希望。在翻译这本书时，我们首先感受到的是奥朗德的人文情怀。无论是“做自己”还是“做总统”，公平、公正始终都是奥朗德的最高准则。无论是他“看法国”、“看欧洲”，还是“看世界”，法国身份在这位曾经的总统候选人、法兰西现任总统的心目中都是独一无二的。然而，被右派控制的法兰西“共和国”已经名不副实，他不得不与过去进行“决裂”，因为他要为六千五百万的法国同胞谋福祉，为年轻的一代谋未来，让所有的法国人为他们的“法国身份”感到由衷的骄傲和自豪。在奥朗德的心目中，国家利益、民族利益高于一切；法兰西应该在欧洲大陆发出比德国更为响亮的声音，应该在新的世界格局中成为真正的强国。

在硝烟弥漫的竞选中获胜并非易事，必须要有一个坚定的信念、一个明确的前进方向和一个给人带来梦幻的规划蓝图，但更重要的是，必须要赢得多数选民的信任。奥朗德巧妙地抓住萨科齐的软肋，发动了一次又一次猛攻。他成功地击败了寻求连任的强劲对手，其成功的秘诀就在于他总是站在待业青年的那一边，站在穷苦人的那一边，站在移民的那一边，站在妇女儿童的那一边，站在所有弱势群体的那一边；他所寻求的是社会的公正、民族的团结以及真正的共和国信念。

如今，奥朗德登上了总统的宝座，大权在握。面对欧债危机、经济危机，这位新当选的总统可能已经从激情澎湃的竞选状态，过渡到了冷静处理繁忙的政务之中。他一定会遇到未曾想到的困难和麻烦，遇到萨科齐想解决而无法解决的棘手问题。显然，一年半载之内，法国不可能出现根本性的变化，但值得注意的是，爱丽舍宫毕竟换了主人，那句具有鼓动性和煽动性的口号“改变，从现在开始”，在给人带来希望的同时，也给人带来了无限的遐想。我们期待法国的变化，期待高卢雄鸡重振雄风，期待共和国的理念在法兰西真正实现。

“改变命运”不仅是奥朗德的梦想，也是千千万万法国人的强烈愿望。这本书不仅能够让我们进一步走近作者，进一步把握这位政客的思想与灵魂，而且能够切身地感受到法国的困境与空前的危机，感受到法国人民对美好未来的期盼与向往，感受到法兰西民族不屈不挠的品质与精神。

刘成富

2012年10月30日于南京

目 录

做自己 1

法国 29

共和国 53

欧洲 75

做总统 87

抉择 101

世界 121

青年一代 131

改变，从现在开始 143

附录：奥朗德生平年表 149

做自己

“我之所以成为候选人，是为了改变法国的命运。”

我是全国最显要职务的候选人。如果法国公民信任我，我将是法兰西第五共和国第七任总统。

我并非草率地做出这个决定。这个决定不仅仅是为了我的政党和同胞，不仅仅是为期三十年的政治斗争的结果。

不，我之所以成为候选人，是为了改变法国的命运。

写下这么几句话，就意味着我所承担的责任之重大。改变法国的命运？这难道不是一个无法实现的目标吗？当整个民族面临如此众多的瓶颈时，这难道不是好高骛远吗？当众多同胞对政治持怀疑态度时，这难道不是遥不可及吗？当然不是！法国正处于历史上决定性的时刻。十年的保守统治使法国陷入今天这样的处境，到了不得不与自己进行决裂的地步。法国必须改变路线。要么在前进的道路上毫无节制地逃逸，要么通过公正实现振兴，法国必须做出选择。

我的决定

我生命中的一切，都为这一天的到来做好了准备：我的责任和义务，我的成功和挫折。很久之前，我就踏上了这条漫长的道路，如今行将走到终点。为了让法国公民信任我，他们应当更多地了解我。他们应当明白，三年前的我，孤身一人，毫无支持，没有依靠，身无要务，在深思熟虑之后，决定来竞选总统。

因此，我想坦诚地跟他们讲一讲我的经历、我们的未来，尤其是我对法国的认识。正如蒙田在《随笔集》中所说："愿人们在我身上看到的，是简单、自然和平常，既无追名逐利，亦无矫揉造作，因为是我在写我自己。"这么一位持有平常心的人，却写就了一本独一无二的书；我将以蒙田为榜样，身为政界一位普通成员，却渴望被赋予独一无二的责任。

我出生在历史悠久的诺曼底中部的鲁昂市，在法国中部的科雷兹当选，多年来一直担任一个重要党派的领袖，在中央政府任职五年，公民初选时获得了近三百万选民的支持。政治生涯一向跌宕起伏，我也未能避免这一规律。我历经了成功与挫折，平坦与崎岖，有起有落。但信念总是使我心无旁系，坚定不移，因为我一直遵循先前设定的路线走下去，毫不迟疑。

很久以前，我就立志报效祖国，也许是我的父母无意中造就了这一使命。之所以这么说，是因为我的父母在我当时不予认同的情况下，坚持让我形成自己的思想，证明自己的观点。作为法属阿尔及利亚的拥护者，我父亲的政治理念与我的观点不尽相同。与自己挚爱的人意见相左，也许已成为一种教育模式。但说到底，我很感激他们，因这种意见的抗衡锤炼了我的性格，而我母亲使这种历练更加温和。她十分善良，总是沉浸在幸福中。她所做的一切不仅是养育我，而且还赋予了我信心。她无时无刻不支持我，从她的眼里我读到了自豪。这是一位母亲所能送给儿子的最好礼物。可惜，她不会知道属于她的这段故事[1]接下来会发生什么：在我做出决定的那一刻，她走了。她拥有开明的思想和高贵的灵魂，她选择做社工去为他人服务，她向我传递了要做有用之人的雄心壮志。

青少年时代，在还没有成为有选举权的公民之前，我就已经对政治充满激情。无论是辩论、博弈还是论战，无论是政治运动还是风云人物，所有这一切都强烈地吸引着我。我信赖集体行动，不喜欢矫饰、虚伪或在公共场合出风头。不过，如果说我仍保持个人谦逊的话，那么我在政治选择上则当仁不让。

1965年，正值法国第五共和国第一届总统竞选，参选者是一位名叫密特朗[2]的陌生人和戴高乐将军。我的好奇心正是在这场法国大型论战中被激发出来的。密特朗公然援引拉马丁的一句话："自由对决荣耀。"戴高乐是一个了不起的梦想家，他不得已依附于资产阶级，却因此被绊住。在他统治下的社会狭隘、专制而守旧，最终被1968年的"五月风暴"所摧毁。"五月风暴"中头戴星星的人深知这一点。

1 指奥朗德参加总统竞选一事。——译注

2 弗朗索瓦•密特朗（François Mitterrand, 1916—1996），法国左翼政治家，曾任法国社会党第一书记，1981—1995年连任两届法国总统。——译注他们的梦想，同样也是我的梦想。一个团结与公正的社会，是尊重人与自然的社会，是拒绝以利己主义来衡量一切的社会。

当我转向社会主义的时候，重新崛起的社会党受到了饶勒斯[1]和布鲁姆[2]思想的继承者的严厉抨击。当时十七岁的我在埃皮奈[3]，很快就渴望能在那儿拥有一席之地。同时，在没有任何人的帮助下，我一步一步地跨越了法国政治精英的各个阶段，后来步入国家行政学院，该学院被视为效忠祖国的必经之路。为了了解经济实情，我进入了巴黎高等商学院并获得文凭。我的能力是国家赋予的，我一直想把学到的知识用来报效祖国。如今，我所捍卫的价值观在这个时代已经确立，我属于密特朗那一代人。对此我感到很自豪，尽管有时跟他们相比仍有一定的差距。我的政治主张没有变。早年，我加入左派斗争，并一直忠贞不渝。我知道，一个党派长久的生命意味着不断地推陈出新。

1 让•饶勒斯 (Jean Léon Jaurès, 1859—1914)，法国社会主义领导者，最早提倡社会民主主义的人物之一，1914年遭暗杀。——译注

2 莱昂•布鲁姆 (Léon Blum, 1872—1950)，知名文学和戏剧评论家，法国社会党人的领袖。1936—1937年任人民阵线联合政府的首脑，成为法国第一位社会党 (也是第一位犹太人) 总理。——译注

3 位于塞纳河畔的一座城市，1971年社会党在此召开大会。——译注

但是必须承认，尽管心存芥蒂，我对戴高乐将军仍崇敬无比。他把法兰西从苦难的深渊中解放出来，他是一个把自豪感、胆识和民族独立相协一致的法国总统，是一个将个人融入国家命运的国家元首。作为左派，或许是有些激进的左派，戴高乐在1969年被右派击败，后者不再容忍他崇高的地位继续损害其利益。从那时起，戴高乐主义的遗产就遭遇摧残，最后所剩无几的遗存，也在2007年被弃至一旁。[1]戴高乐从统一的北大西洋公约军事指挥权走了出来，而我们又重新进去。他想参与，但人们却将之遗忘。他曾说，法国政治不能成为一纸空文[2]，而我们却让金融市场大获全胜。

然而，许多法国人仍感怀于他的荣誉观。在这么一个时期，唯有振奋精神、努力拼搏和不断超越，才能帮助我们克服危机并摆脱金融的不利影响。对于我们来说，对他的回忆极为珍贵。

很久以来，我一直有两个梦想：代表权和行动力。这两样东西从来没有离开过我，当然这种意愿还需把握好重大

1 指2007年萨科齐当选，进行一系列变革。——译注

2 即赞成国家干预经济。——译注

的机会。1981年，我作为审计院的一名年轻审计员，亲历了弗朗索瓦•密特朗的总统竞选活动。在成为科雷兹第一位议会候选人之后，这个历史性的胜利一度把我带进爱丽舍宫。改变生活……我完全相信这是一个更加美好的未来。1981年5月10日的那个晚上，我是多么激动啊！终于，我们在面对残酷现实的时候实现了我们的希望！即使这些希望不能完全描述我的激动之情，但毕竟有一些日子证明它的存在。三十年后，随着下一届总统选举的临近，对上个世纪末的美好回忆，为业已开始的新世纪孕育了美好的希望。

1988年，我成为国民议会的议员。从此以后，我知道，我的存在、我的命运必定通过我的选区与国家紧密相连。1997年，我成为社会党的第一书记，一次意外的解体使我们取得了胜利。[1]当时我四十三岁，总理是利昂内尔•若斯潘[2]，我参与了法国政府内务。我十分感激若斯潘：我见证了他的评判之严谨，选择之明确，以及对国家之敬爱。我既明白治理国家有一份幸福感，也了解悲剧随时伺机待发。领

1 1997年社会党提前立法选举，法共推行“多元左翼”而意外获胜，第五共和国历史上出现了第三次左右派“共处”的态势。——译注

2 利昂内尔•若斯潘（Lionel Jospin，1937— ），法国前总理，1971年加入社会党，1995年代表左翼竞选总统失利。——译注

导者应头脑冷静，在这两者之间求生存。

2002年4月，让—马里•勒庞[1]进入第二轮选举，而我所支持的诚实之人郑重地宣布结束政治生涯。这个结果我始料未及，但预感到了一些先兆。我认为这场选举大战背离了本质，让候选人做了很多无法控制的事，其目的仅仅是为了与雅克•希拉克作对，但作对并不足以获得支持。我开诚布公地与若斯潘进行了热烈的讨论，那是第一轮选举的前夕，4月20日，星期六。他对我说，下周一他要再看一看安排，好为第二轮选举做准备。但是到了下周一，他出局了。

我并没有忘记那一次的教训。

如今舞台上只剩下我一个人。我用我的灵魂发誓，千万不要让上一次的恐怖和沮丧再一次出现。今年，左派必须对此进行反思，以避免再一次经历惨遭失败的痛苦，避免在屈辱中看到右派和极右派在第二轮的选举中一决雌雄。相反，危险是无法排除的。人民内部是如此的绝望，以至于有人想转向极端主义，制造事端，把他们的问题诉诸当权者。对于有这种倾向的人，我倾听他们，关心他们。我对他

1　让—马里•勒庞 (Jean-Marie Le Pen, 1928—)，法国极右派政党民族阵线创始人。——译注

们说："如果你们表达的是偏执、歧视和仇外，那么就不要指望我。但是，如果让政府关心那些因生活困苦和国家衰弱而遭受折磨的人，那么我会洗耳恭听，对你们伸出援助之手。"

2006年，我曾考虑作为候选人参加正在宣传的总统竞选。但是欧洲的全民公决使社会党内部四分五裂，使我不得不再一次地进行党内整合。赛格林•罗亚尔[1]声明参选，她具有舆论优势。于是，我毫无保留地打消了念头，尽管那时我们已经分居。她以我所熟知的性格力量，开展了一场勇敢的选举大战，但是她的对手最终出人意料地杀出重围。她落选后，我和我的整个党派失落无比。那时，我知道左派将进入一个动荡时期。我告诫每一个人，但同时感觉到最糟糕的事正在酝酿。也许只有通过兰斯代表大会，才能迎来今后的胜利。

2008年，我告别了社会党第一书记的职务。我曾带领该党赢得几次地方性的重大胜利，但是自1995年以来，每次决定性的选举都失利了。这种厄运的根源是什么？左派

1　塞格林•罗亚尔（Ségolène Royal, 1953— ），法国社会党党员，在2007年法国总统选举中败北的社会党候选人，奥朗德的前任女友。——译注

在各省市、各地区颇具影响力，为什么到了终极考验的环节就屡遭挫败呢？针对这种致命的打击，我给自己提出了唯一有价值的问题：在这种情况下，我能结束左派长期不公正的缺位状况吗？当然，我不是唯一一个有此想法的人：多米尼克•斯特劳斯—卡恩[1]私下里多多少少也在做准备；赛格林•罗亚尔，我们2007年的候选人；以及玛蒂娜•奥布里[2]，我们的第一书记。这么多势均力敌的人本应使我犹疑不绝。不！在这个危难的时刻，我认为我就是那个拥有法国人在执政方面寻求的革新、简约和驾驭力的人。

米勒瓦什[3]高原之行极为宝贵，那不是穿越沙漠。它让我接近了诸多现实，给了我一个合法地位和一个身份。我相信与一片土地相依的缘分。政治就是一种体现。

然而，在那个时候只有一些人相信我的运气！屈指可数的几个朋友，一帮民选代表，这个圈子里的人的支持太重要了，但毕竟为数不多。他们的素质无可争辩，个个都坚

1　多米尼克•斯特劳斯—卡恩（Dominique Strauss-Kahn, 1949— ）社会党党员，曾任法国财政部长。2007年就任国际货币基金组织总裁。——译注

2　玛蒂娜•奥布里（Martine Aubry, 1950— ），从2008年11月起开始担任社会党第一书记。——译注

3　科雷兹省的一座城市。——译注

定不移，团结一致，但是他们的数量……于是我以我自己的节奏上路了，并没有考虑预测，也没有考虑小集团，更没有顾忌那些一无所知却指手画脚者的恶意中伤。用三年的时间来捍卫我的思想，用三年的时间来打造左派，用三年的时间让整个法国认识我。那时，对我有利的民意测验曾跌破纪录。这还是用豁达的心态来看待它们的！渐渐地，票数不断走高，一个从未走红的候选人竟成了最有力的竞争对手。刚开始，我对初选并没有信心，但很快有了获胜的希望，最具民主精神的完美之举得到了体现。尽管心存戒备，选民们还是慢慢地改变了对我的看法。是他们投资了我，选择了，指定了我。这个过程并不快，而是种种先兆、鼓励和证词的累积。竞选的过程中，偶遇的法国民众的热情举动是我能够获得成功的根本保障。最后，在那些关键的时刻，我的孩子一直对我表露的情感十分宝贵。我的伴侣瓦莱丽给了我支持和建议，尤其是给了我在这场战斗中不可或缺的个人幸福。如果说我能有今天，偶然性并没有发挥什么大作用。

我真正的对手

严峻的形势使我在国人面前崭露头角。我知道，自2007年夏季以来，国家领导人出台了一项既冒险又不公正的税收政策，其严重后果就是我们的公共财政进一步恶化。这是必然的后果。之前我就觉察到，同年夏天爆发的所谓“次贷危机”早晚会对实体经济产生影响，但执政党的领导班子低估了这次危机。2009年，经济衰退的现象出现了，这是自1993年以来的第一次大萧条。我明白，政府出台的经济复苏计划——在那次臭名昭著的、不可理喻的土伦演讲[1]之后——这种地步的即兴之举，成本耗费过高，收益微乎其微。我尤其预感到的是，尼古拉•萨科齐的行为、他的冲动、他的言语、他的选择以及政治上的不公正，都将使保护他的小集团、他的恩人和对他感恩的人遭到越来越多的反对。

1　萨科齐于2011年12月1日在法国土伦发表演说，其主要观点是：

1. 必须减少国家债务和公共开支；
2. 一周35小时工作时间和60岁退休是一个“严重的错误”；
3. 法国现在处于无债可借的状态；
4. “减少负债的新经济周期来临”；
5. 欧洲必须重建并开创“经济新纪元”。——编注相反，我没有引起国人的愤怒。在我走访的过程中，我带给他们的是振奋。我一直避免对某些过激言论做出回应。我记得有一位老太太，我本应抑制其过激的言辞，但我还是选择尊重这种恼怒，包容这种担忧，理解这种不安。当面对一份艰苦的工作和微薄的报酬时，痛苦不言而喻；当不安定变成一种常态时，焦虑在所难免；当某些地区被强权统治，共和国的法规被非法交易和团伙取代时，人民自然就有被抛弃的感觉。我在各地遇到一些法国人，他们自豪、执着、进取，决定过一种自由而负责任的生活。但是，我常常听到他们忧心忡忡地提出相同的问题：我的孩子能找到工作吗？我的工作能保得住吗？我在学校有必需的位置吗？警署必要的器材会短缺吗？我的店铺能够抵御大型商店的竞争吗？我的农场一年后还能运营下去吗？我是不是要卖掉渔船，卖掉拖拉机，卖掉土地呢？国家能保证医疗和医院的质量吗？我们村里的邮局会关门吗？我的养老金能拿到手吗？我是否有能力供我的女儿上学？我是否有能力帮我的儿子找到住房？为什么我的工资没有增长？就这样，每个人都开始怀疑一切，甚至怀疑自己！

我并不是攻击即将卸任的总统。他并不是对什么都要负责，无论是对过去，还是对国外的压力。他应履行承诺，但他知道其中有些承诺根本无法兑现：让我们相信充分就业机会的到来；让我们期待多劳多得，干得越多购买力就越大；让我们相信暴力将被彻底清除；以及宣布一些他不愿实施的方案：国家公正，司法独立，保护弱势群体。我该继续列举下去吗？

权力并不是一个人的，他承受的远远超过了他的能力范围，他以为自己能驾驭，并装模作样地筹划。他本身也是受害者，受制于操控国家的市场和制度。因此，我在这场运动中的对手，首先是财政权。这个权力能够确立自己的准则和规则——而第一条规则就是没有规则。在美国，尽管奥巴马做了诸多努力，但是那些银行家，甚至遭遇破产的企业家仍在发挥影响。在英国，城市行业协会如此重要，以至于说服了戴维•卡梅伦拒绝任何形式的财政改革。在德国，保守党否决了一切不符合其自身模式的欧洲方案。

我曾说过一句过头的话：我不喜欢有钱人。这句极具批判性的言论其实没什么意识形态的色彩。一个社会同样需要有钱人，前提是他们与其拥有的财富相称。我所不能容忍的，是强权者盛气凌人，要求占据主导地位，将自己的意愿强加给民选政府，还拿着高得离谱的工资。他们主要集中在金融领域。显然，我爱人不爱财。

我来自一个较为幸运的阶层。如果说我在一个比较宽裕的家庭长大，那是因为我的出身跟大多数法国人一样。我的祖父出生在北部加莱海峡普卢万的一个小农场，那个村落历经了两次世界大战的摧残。祖父一家是新教徒，后来皈依了天主教，因为遭遇迫害逃往荷兰，并且出于忠诚，延用了在原国的名字。我的父亲凭借自己的努力成了一名医生，勉强跻身名流，而我的母亲则是社区工作者，每天与工薪阶层打交道。也许是遗传因素，我与那些自认为天生就有领导才能的人保持距离。某些右派的自命不凡令我十分反感。功劳应得到嘉奖，冒险应得到提倡，行动应得到鼓励。通过劳动和投资得到的财产是正当的。但是，应该抵制赋予金钱过多的权力。说到底，在这一领域唯有一个法则：公正。

这个简单的法则将指引我的一切行动。公正，可以让人坚定，让人要求上进，拒绝走后门，必要时做出牺牲。如果法国人投票给我，总统任期期满之后，我希望人们回忆的时候说：他所任职的五年是公正的。只有这样，法国才会重新崛起。这就是生活教会我的，是我对国家的看法所指引我的。寻求公正，我的思想就在这段历程中成形了。

首先要讨论的是方法问题。人们常说，什么样的人有什么样的作风。同样，不同的总统就有不同的作风。我并不是要与哪一位总统比，或者参照某种模式。每个时期都要求相应的气质、性格和行为方式。我愿意做我自己，包括承担这个最为崇高的任务。指挥，就是做决定，但是在拥有真知灼见后，指挥便是倾听国家的声音，长远地看待问题。如今，国家需要一致、稳定、人道和尊重。权力就是这样产生的。我们要从一个不曾在宪法中出现的“金科玉律”做起，它的名字就叫“信心”。

我的价值观

在政界，没有什么持久的成功不是基于正确的价值取向。

第一个价值，“真相”。没有真相，就没有真正的民主。没有现实感，就没有真正的政治。我要在公开辩论中恢复其至高无上的地位。当前的形势太过严峻，我们不能光说空话。很长一段时间以来，法国人一直被一些误导性的形象、浮夸的词藻和捏造的咒语蒙蔽了双眼。如果我是总统，我不会朝令夕改。如果我是总统，我不会在当选六个月之后跟你们说：总之，因为资金短缺，我的计划落空了。如果我是总统，我不会在上任初期就慷慨地任命自己青睐的人[1]，为的是五年之后能得到所有人的支持。即使忠言逆耳，我还是要说出真相。不，我们当然不是无所不能。不，我们当然不能承诺一切。开头是艰难的，但这标志着公正正在恢复。然后，我们就可以共享经济增长的成果，并耐心地构建我们的计划。在重新夺回我们的主权之后，我们的理想就能够得以体现。这里我要引用皮埃尔•孟戴斯—弗朗斯[2]的一句话，主张公正的他曾说过："有些人竟然担心，对当前的形势发表正直的、坚定的言论会导致人们心灰意懒，那是因为他们对国家重新崛起的意愿和能力缺乏信心。"

第二个价值，"功劳"。我强调功劳。共和国需要的是

1　暗讽萨科齐上台后任人唯亲。——编注

2　皮埃尔•孟戴斯—弗朗斯（Pierre Mendes-France, 1907—1982），法国政治家，1954—1955年曾任总理。——译注

值得嘉奖的精英、真才实干和勤奋工作。自由的社会称颂冒险行为，但不是弄虚作假。机会平等如果是见风使舵，那么只是一纸空文。从原则上来讲，在法国一切都是平等的。但是，一些人远比另一些人享受更多的平等。继承权的优势、关系网以及财富特权不断上演，所有这些都有碍社会秩序。一部分人生来就是宠儿，另外一部分人生来就要做出牺牲。我的任务是重建平等原则，没有这个原则法兰西就没有共和政体。我所提倡的这个社会契约应无所不在，在小学，在大学，在社区，在公司或在政府。这个社会契约应作用于每一个人，无论他的工作是什么。

第三个价值，"团结"。有人说团结的代价太高，说它只能充当配角。但是我要呼吁的是：在二十一世纪的共和国，所有人都应有同等的尊严。那些弱势群体、劳苦大众以及处于社会边缘的人，应得到保护、防卫和提升。当然，他们自身也应付出努力。那些接受福利、津贴和补助的人应有责任心。但是，法国无权遗弃任何一位公民。右派为反对经济援助而发起的控诉，其实是另一种形式的利己主义。我不是用慷慨与之对立，毕竟慷慨是个人行为。但是事关社会团结，这涉及到我们每一个人。

我的计划

在我发起竞选活动之前，有人这么批评过我——他没有给出计划。这样的指责毫无意义。他自己是站不住脚的。这关乎到在危险而动荡的形势下为法国制定路线。我用了一段时间进行酝酿、咨询和评估。如今，我已胸有成竹。如果人民授权于我，我会坚定地将我的决定付诸实施。右派说我的想法含混不清：这是一种刻意的煽动。我甚至可以打赌，一旦我的救国计划得以公布，右派的许多人会后悔自己曾认为它含糊不清。

选择什么一目了然。需要适应金钱帝国的要求吗？或者，法国需要在全球化的进程中找到自己的出路吗？我已经做出了选择。

一月底的时候，我提出了一项具体的、完整的、投资明确的计划。[1]但是，我想在这里解释一下我的举措。这项计划的形成完全是出于一个伟大的动机，也就是年轻人，只有以年轻人为中心，法国人才能摆脱现在的处境，为重新崛起做准备。

1　该计划的在线内容请参见网站：francoishollande.fr.

为了顺利开展这项计划，我们必须紧紧围绕四个目标：复兴，公正，年轻人，共和国。

恢复公正

要克服经济危机，我们就得整顿公共财政，缓解债务负担。但前提是，只有最终限制金融在我国过高的权力，这些规章才有意义。当然，我们需要银行、保险公司和资本市场。然而，我们不能再任由这个失控的制度威胁信贷的稳定，操控实体的经济，不断挑战民主的权力。

我将深入改革金融体系，以实现经济复苏。

这些措施并不意味着我们无视国家的债务。我们的负债已经到了一个危险的程度：需要减少负债。如果继续让债务急速增长，无异于受制于市场，即牺牲我们的主权。

我会如期兑现法国的负债。预计到2013年底，公共赤字将减少到3%，四年后达到收支平衡。这个严谨而务实的限定日期使债权人安心，并放宽了市场的限制。急于求成是行不通的，只会遏制经济增长；而摆脱债务也同样不可能，只会使法国丧失独立的地位。

一个基本的条件：必须做到公正。削减赤字要求公平分配。我们的财政体系必须进行改革，使每一位法国人所付出的努力都是公平的。

因此，我会号召法国的大亨们捐助，并严格限制财政漏洞，抵制税收的严重不平等。

一旦完成这项改革并恢复共和国的税收平等，为了确保所有经济活动参与者的稳定，我在剩余的任期时间内将不再涉及财政体系。

这些新的对策将使赤字有所减少，但还远远不够：我们不能只在收入上做文章。公共开支还需得到限制。没有人会明白，国家向公民所征收的没有用到自己身上。共和国并不意味着毫无节制的公共支出，而是一个有谋略、高效率且懂得节俭的国家。

我将取缔所有组织中官僚主义所造成的不必要开支。任何新的开支将通过对另一项预算的同等减少进行抵消，我将把公共人力和财力集中应用于学校、安保、科研、工业和技术领域。

如果公民们确信所付出的努力是公正的，那么就会在公共行动上重拾信心。这样，我们就踏上了国家复兴的道路。

在团结中生产

与此同时，要发起进攻。如果重新增长的经济未能增加购买力、刺激就业、对能源改革和社会保障进行投资，那就不能称之为稳定的复兴。不过，与保守派不同的是，我希望工业和技术上的努力建立在工人和职员生活的改善上，而不是额外的困顿和购买力的降低。同时我保证我们将尽最大努力在法国进行生产，有效抵制欧洲境内企业的外迁和不正当的竞争。

我将实行严格的政策，帮助中小企业并推动再工业化的进程。

经济的复苏也要借助能源的现代化。法国不能只依赖唯一的核能进行电力生产，因为核能被许多国家否决，并在全球范围内引起争议。一场突如其来的“脱核”运动一旦爆发，就会危及尖端行业，影响就业，并导致电价上涨，因此能源多样化势在必行。

我将着手减少核能在电力生产中的比例，到2025年，由现在的75%减至50%，并在最大程度上确保正在运行的核反应堆的安全。可再生能源的比例则会相应地有所增加。

然而在此期间，如果我们没有赢得劳动者的信任，那么这些产业复苏的方针就会收效甚微。经济复苏需要以减少贫困、保护购买力和扩大雇员权益为依托。公正和团结同样适用于劳动界。

改变日常生活

在一个公正的社会，经济的增长应能带来国人日常生活的改善。国家要充分发挥作用来达成这一目的，而不是追求过多的创举。国家应解决公民的住房，这是首要的问题。保证公民的健康，注意公用事业的良好组织和效率。

我建议对租金最昂贵的地区进行监管，同时开展大规模的住房施工项目。

我将疏通医疗通道，支持公立医院。

那些长期缴费的人，应在60岁时获得全额退休金。

这五年来，法国人的安全保障日益恶化，对此必须采取强有力的措施。我将建设就近安全项目，在城市设立社区治安所，在农村设立宪兵分队。我将创建特别安全区，那里的设施更为集中齐全。

恢复共和国

我将让每个人发挥应有的作用，重建第五共和国的原则。

我将建立真正独立的司法体系，结束法官从属于政府的地位。

我将制止任何企图以这样或那样的方式影响独立传媒的现象，包括电视、广播、新闻，尤其要废除共和国总统对公共视听传媒负责人的任命。

我将增加议会的监督权，改变国家元首的刑事身份，并将共和国总统和部长的工资减少30%。

为了让法国重新成为一个注重尊重和开放的国家，我提议将1905年法律中关于政教分离的基本原则列入宪法。

我将采取稳定、透明、严肃的移民政策。对于在法国合法居住五年以上的外国人，我将赋予他们在地方选举中的投票权。

以青年为中心

年轻人是法国社会中最大的牺牲者。他们尤其被生活困顿、失业和购买力低下等问题所困扰。这就是为什么我将之视为本次选举中的大事。有史以来第一次，我们下一代的生活很有可能不如我们。

为了在学校恢复机会平等，我将对教育体制进行改革。我要让三分之一的三岁以下的儿童进幼儿园，基础技能和公共基础知识则要优先传授。

我会在年轻人结业之前举办预招聘。我要恢复对所有人进行名副其实的启蒙培训。我会在五年之内为教育额外创造六万个就业岗位。

我建议拟定一份“代际合同”（un contrat de génération）[1]

1 参见本书第104页。——编注

来招募长期合同的年轻人，年轻人可以由一位经验丰富的老员工指导，一直延续到后者退休离职。困难地区将优先逐步建立十五万个岗位，以促进年轻人的就业安置。

这就是我的简要计划。

我相信政治，我信任共和国。法国是一个大国：通过实现公正，法国可以克服全球化的混乱所带来的挑战。公正，是法国人实现希望的条件，是民族振兴的条件，是重新萌发法国梦想的条件。这个梦想可以让我们的下一代生活得比我们更好。

这就是我一开始就想说我是谁，以及我想要做什么的原因。所有这些尚需解释和论证：这是这本书的目的。法国人会在这本书中发现我的判断、我的想法和我的建议。他们尤其会发现这样一个愿望：让法国成为世界各民族的榜样。

法　国

“走一条法国特色的经济发展路线。”

共和国没有遵守她的诺言。法国人看在眼里，急在心里，并经常因此而感到绝望。我在科雷兹就深有体会，这个位于我国中部的省份以极大的勇气和无私承受着经济危机。我对科雷兹的人十分了解。三十年来他们是我的选民，又是我的朋友。他们开放、包容、团结而勤奋。没有什么能让他们气馁，没有什么能让他们退却。但面对巨大的不公正、傲慢和冷漠，他们常常愤怒无比。这样的愤怒我完全能感同身受：当失去对命运的主宰，当无法抵制恶势力，当忍无可忍只能消极抵抗，当面对日益激增的不平等，此时的情感就只能是愤怒。

如今我们被一个通信发达、发展迅速和技术进步的新世界所包围；处在社会金字塔顶层的，毫无疑问是庞大的收益、惊人的利润和奢侈的条件。我们多次强调，开放、竞争和交流才是社会成功的法宝。一些善良的人以为，一旦这种没有规束的经济为人们所接受，每个人就都能够享受到胜利的果实。社会顶层拥有的财富随之源源不断地流淌到每个人头上。

但对于法国人来说，生活变得日益艰巨。当涉及到未来的时候，他们习惯了压力，比过去更加成熟，并依然那么固执。这些华丽的言语在他们眼里就是空话。

他们的处境远远没有得到改善，甚至每况愈下，而他们孩子的境遇则更加令人担忧。他们一直跟随共和国功绩的每一个阶段，从小学、初中、高中直到大学，但从中却并没有得到任何保障、任何保证。进入职场后，他们觉得生活更困难、更漫长、更沮丧。需要经历几乎没有报酬的无数实习期，在不稳定且工资微薄的岗位上忍受数年，不断推迟成家；通常为了安身立命，会接受一个远离出生地或现住所的工作。不安定压倒了一切：工作可能会受到质疑，工资会遭遇威胁，储蓄会不断缩水，公共服务会日益减少，整个地区都受到了打击。

法国人难道就该这样生活吗?

所谓共和国，就是论功行赏。这样的制度应带来更加美好的生活。这是法国与法国人之间的合约，但这样的合约已被取缔了。

全球化的幸福?

没有设防的金融化，毫无限制的商品化，以及不受约束的全球化，都使共和国的界线变得模糊不清。鼓励一代又一代人分享进步的希望逐渐破灭。有些精英不明白这种痛苦。但我不想指责他们，那样太肤浅，甚至很危险。斥责在我看来无济于事。我国试图设立断头台来处罚那些长期受敬仰的人。我不想煽动对上层的处罚，尽管我到处都能看到这种不满。法国拥有出色的老板、精明的金融家、开明的领导以及致力于带领公司获得成功的企业家。这个社会的进步得益于领头羊的优秀品质和惊人勇气。

但我们在工作中看到的，往往不是合乎情理的雄心，而是贪得无厌、利欲熏心、唯利是图，以及与精英制度无关的收益。这种现象出现在各个领域，金融、通讯、体育、影视业……我们所说的“全球化的幸福”，以一种迅猛的方式冲击着全球，其光芒吸引了一部分精英，并使一切合乎情理：一方面解除对清贫者的保护，另一方面对部分人发放高得离谱的工资。路易—菲利普一世执政时期，人们说：“你们去发财吧！”而这五年来，人们说：“让我们富起来吧！”另一些人则补充道：“要么适应当下，要么灭亡。”个人主义成为走出危机的唯一办法……

2007年的总统候选人[1]信奉这些新的原则，他向每个人建议“延长工作时间以获得更多的工资”。但如果对这一口号进行解读，它其实是一项税收改革，增加了受惠者的福利，并相应减少了国家资产。由此导致的税收盾牌则象征了不幸。尼古拉•萨科齐想成为具有决裂能力的候选人。但这种决裂却是与税收平等、团结和公正的决裂！在这样一个社会，新的封建主攫取了出身和财富的特权，中产阶级和平民阶级与以前的第三等级一样，是社会力量的主要奉献者，之前承诺的机会平等已变成了一纸空文。

如果这一政策产生了作用，那么它还可以为自己找到借

1　暗指萨科齐。——编注

口。然而如果只是说："延长工作时限！"那就不可能产生任何效果。五年来，法国的经济增长在欧洲最为落后。赤字开创了新的纪录。所有产品的购买力停滞不前。失业率达到了十二年来的最高水平。法国已经落伍。

右派，即债务

"这是危机的缘故。"他说，"我能做的都做了。虽然没有成功，但我已经尽力。"我已经听惯了这位新候选人、即将卸任的总统的陈词滥调。但他真的尽力了吗？没有落实的改革，演讲所引发的骚动，只能让国民人心涣散而不是凝心聚气。如今，他的最新的通告更像是借口，而不是身处逆境所表现出的勇气。为了更好地为自己的失败进行辩护，他甚至指责前任总统治理不当。他毫不犹豫地追溯到1981年，指责累积下来的赤字阻碍了他的行动，威胁到了金融系统的稳定。

但究竟是谁造成的负债？税收风险以及随之而来的衍生产品导致国家每年损失750亿欧元。2007年的错误仍在继续。在金融形势惨淡时期，许多政策都超出了预算。专家们一致认为：2007年推行的政策，对赤字的扩大和债务的过度膨胀至少要负一半责任。仅仅一个数字就能说明，每个人都能从中看到历史的倒退。即将卸任的总统所保持的各项负债纪录，是法国历史上从未出现过的。从2007年到2012年竟高达五千多亿！

如果单看刚刚过去的十年，我们就会发现公共债务增加了一倍。其数额2002年为九千亿欧元，到2012年底将增至1.8万多亿欧元。自2002年以来，萨科齐以我们的名义借入的大多债务，堪比两个世纪以来前任总统的债务总和。尼古拉•萨科齐在历史的轨道中留下的不是什么印记，而是债务。

这位总统还来教我们如何治理国家！浪费的人谴责浪费，不计后果的人痛斥不计后果，挥霍的人抨击挥霍。右派是一只学蚂蚁说话的知了。[1]该党派挥霍得多之又多，将国库所剩无几的财富分配给特权者，面临窘境的时候就号召牺牲，并指责左派缺乏远见。需要回顾一下吗？当利昂内

1　此处借拉封丹寓言《蚂蚁和知了》进行讽刺，蚂蚁喻指热爱劳动的人，知了喻指一味空谈的人。——译注

尔•若斯潘在2002年4月离开马提尼翁总理府[1]的时候，公共赤字低于国内生产总值的3%，社会财政持平，且对外收支盈余。

他们对我们说，危机解释了一切。当然，部分原因归结为危机。谁能否认这一点呢？但必须说出真相，危机是2008年底才爆发的。在此之前右派已经做出了决定，尤其是关于财政计划的决定。2009年的复苏计划白白地浪费了许多钱，因为该方案设计不当，且是即兴之举。大量的贷款在很大程度上只是隔靴搔痒，而2010年的经济复苏甚至抵不上德国的一半。就业政策几乎没有见效，政府宁愿补贴加班也不愿进行招募。说到底，如果不是长期以来在国际上随波逐流，那么危机来源于哪里？

金钱帝国

实际上，这个政策源远流长，始终有强大的力量作为后盾。三十年前，英国和美国就开始实行这一政策，后来

1 法国总理府。——译注

才传入古老的欧洲。人们称之为“保守的革命”。二十世纪八十年代初，相同的口号随处可见：少一点国家干预，少一点税收，少一点调控，少一点平等，少一点团结。他们说，让富人发财吧，穷人会从中受益；让市场控制一切，经济将重新焕发生机；让竞争无处不在，这将有利于革新；让商品自由流通，消费者将受益无穷；让金钱占据一切，最终它会蔓延到社会的各个阶层。这次颠覆给左派留下了深刻印象。这是一个更加个性化、更具竞争性、更艰难、更浮夸的社会，界限被淡化，传统的措施似乎无济于事，进步主义运动中的既定价值观成了这个社会的导向。左派最终开始怀疑自己，于是选择了在欧洲的冒险之旅，希望能就此找到更为坚实的基础来抵御威胁，因为欧洲的社会主义者占据了主导地位。但是，欧洲社会主义者远远没有能够齐心协力，对于是否要越过联邦政府来迎接新的经济和社会管理体制，他们优柔寡断。结果，在十年之后，二十七个政府中有二十三个是右派的。

我一直是个社会主义者。很早的时候，我就加入了社会民主党派系，这是唯一能够将平等与自由结合起来的党派：人们因此认为我是一个老实人或谦逊者。我不想随意把自己归为哪一类，无论怎样我都属于左派。我一直坚守自己的底线。我知道只有生产才能进行再分配，但我深信市场不能放任自流。国家不仅仅扮演着担保人和服务者的角色，还应当进行引导、投资、设计及保护。扎根于科雷兹让我对恶劣情绪、时尚潮流、头脑发热有了免疫力，且不需要像国家领导人那样经常出入巴黎交际圈。

我们走到了这个阶段的终点。资产负债表造了出来，借口也不复存在。不错，资产阶级改变了世界。但是从三十年前开始，我们就已经不像以前那样工作、思考和生活了。全球化使得千百万人生活得更加美好，尤其是那些来自新兴国家的人。同样，世界变得更难以生存、更不公正。交流的增加带来了巨大的进步，同时也引发了无尽的痛苦。不受控制的经济增长使全球深受其害；工业化使就业岗位越来越少，我国北方长期遭受失业之苦；数字化娱乐的影像信息生产者过于集中，造成少数卖主垄断文化市场。条件最不利的人则被抛弃，陷入贫困。自然资源的浪费威胁着地球的未来，我们知道，如果再这样遭受蹂躏，地球终将毁灭。对金钱市场放松管制，最终引发了一场金融海啸，由此导致了1929年以来最为严重的经济衰退。

因此，三十年之后，保守的革命后期，危机拉开了帷幕。应该继续下去吗？

在银行债务危机之后，国家债务也遭受挫折，实体经济负债累累，甚至那些新兴国家也看到自身的经济发展速度减慢。财政紧缩成为北方国家[1]的普遍现象。欧洲和非洲的极端分子肆虐横行。在一些民主党人受欢迎的地方，原教旨主义赢得了一席之地。中国是新的世界游戏中的巨大受益者。一些生产石油的君主国购入他国资产，后者这样自愿出卖国有资产，实为冒失之举。应该继续下去吗？

弗朗索瓦•密特朗四十年前在埃皮奈发表了一次著名的演讲，揭露了金钱的操控。如今金钱帝国遭到控诉，因为它霸占了一切。金钱曾是工具，如今已成为主人。

金钱对于每个人来说都不可或缺，但当金钱成为社会力量、抽象因素和统治权之后，那就祸害无穷。金钱本应为经济服务，却成为衡量一切事物和人类生活的标准。你有钱？那你就拥有了一切！你没钱？那你就一文不值！金钱俨然已成为法则和先知。我并不幻想终结金钱的权力，但是

1　工业化国家大多位于赤道以北，被称为“北方国家”。当然也有例外，如澳大利亚和新西兰虽然位于赤道以南，但仍属于北方国家。——译注

要采取一些坚定的抵制措施：生产先于财政，企业先于银行，投资先于盈利，就业先于资本，政策先于市场，总体效益先于短期收入，功劳先于特权，晋升先于继承，推崇高尚而非贪婪，推崇公正而非不平等，推崇共和而非各种形式的利益。

法国的衰退

跟所有共和政体拥护者一样，我深爱自己的祖国。法国的成功一向令我欢欣鼓舞。而国家的屈辱对我来说是伤痛，国家的失败或过失则是集体的失败。在两年来的经济危机中，欧洲一直在协商，我常常感受到这一点。

我们所取得的成就不大，官方的夸大其辞掩盖了碰壁的沮丧，所有这一切促我深思。我所思考的不是领导人的粗暴和放弃的行为方式，而是法国由于居高不下的赤字以及微弱的竞争力所导致的艰难处境。在这场危机中，我意识到残酷的竞争让法国掉队了。法国衰退了。对于法国的没落、令人担忧的现状，以及令人想起具有传奇色彩的黄金时代的极端模式，人们可以夸夸其谈。但是，没落是跟谁比？跟什么时候比？这个词太像是某种反动言论，以至于不能用来修饰祖国。然而，我们不能自欺欺人。法国不再是季思卡•德斯坦[1]在二十世纪七十年代末所说的中坚力量。几年来，法国不知不觉地落后了。

首要原因是“不公正”。当公民们感觉游戏被操控，有人从中使诈，总是要求一些人做出牺牲，而发号施令者自己却总能够幸免，在这种情况下怎能动员公民的积极性？领导阶层一边苛责法国“入不敷出”，一边享用超出平均数且不断增长的财富。那些要求财政紧缩的人把自己排除在外，因此缺少拥护也就不足为奇。他们享受着一系列的好处——退休福利、金降落伞[2]、各类津贴、办公室生活等——甚至不用因为过失而受到任何惩罚。所在公司陷入困境时，雇员遭遇失业，而管理不当的大老板则可以待在豪宅里靠定期收益生活。

我将首先靠公正和每个人的平等参与来振兴法国。没

1 瓦莱里•季思卡•德斯坦（Valéry Giscard d' Estaing, 1926— ），1974年至1981年担任法国总统。——译注

2 指企业有关合同中保证高层雇员因公司被收购而遭解职时可获得一大笔福利的规定。——译注

有平等，就没有改革的可能。

极度的不平等，缓慢的经济增长

收入分配不均也能解释法国生产的停滞状况。我们看到，社会顶层聚敛的过多财富，钳制了大量的财政资源。同样一笔钱，付给高薪人员跟付给普通雇员会产生不同的经济效果。前一种情况是，这笔钱主要投进了市中心的石头，也就是房地产泡沫，或者被投放入金融市场，也就是投机。但一位工人或雇员增长的工资会立即花在购物上，这就扩大了需求并由此促进就业的增长。美国和欧洲的宏观经济研究表明，北方国家的特权者三十年内获得的额外收益使消费萎靡，并因此导致经济增长陷于瘫痪。毫无疑问，在生产衰退和分配不均之间，在缓慢的经济增长和极度的不平等之间，存在着某种隐秘的联系。因此，一旦我获选，我将针对收入召开一次全国会议，涉及的不仅仅是社会公正的问题，也不是优先进行全面的再分配的税收改革的问题，而是关乎经济和就业的健康。

法国被所欠的债务羁绊。借钱的人得任由债主摆布，当然还要受市场控制。政府不负责任地任由公共财政下滑，他们最终明白了法国的处境。我将循序渐进，以合乎情理的进度控制我们的赤字。但是，债务问题根深蒂固。如果一个国家偿还债务出现困难，那是因为生产力不足。如此缓慢的经济增长率使得财政收入枯竭，支付债款和利息则显得难上加难。生产力，尤其是工业生产力的极度萧条，也解释了我们所感受到的经济失调。

被遗忘的工薪阶层

面对全球化，法国显然没有做好准备。在十年的时间内经历了持续的非工业化：七十多万人失去了工作。工业在附加值中的比重下降到13%，与英国持平。当下被视为重要经济部门的服务业的潮流，使得工厂、技术革新和手工艺靠边站。以往，工人阶级一直被尊重，且被视为国家理想的一部分，如今也因为同样的原因淡出了人们的视线。随着共产主义的消亡，即使他们的救世主角色被抹煞，但他们仍然以各种新的形式，在不同的情况下继续充当国家的主力军。在经济中，什么都不存在，只剩下网络、通信和非物质产品。德国工业的生产总量是我们的两倍。技术文化被遗忘，工程师的优越感被金融和市场营销所取代，现代化导致机器退出了历史舞台，这一切都将工业贬低到文化价值等级的最底层。工业一直被视为一个过时领域，俨然已经成为法国经济思想的穷亲戚。由于缺少足够的出口型中小企业，我国的外贸出口严重亏损。贸易赤字由此形成。2011年的贸易赤字深不可测（750亿欧元），只是靠资本市场进行填补：收支差额的不平衡被对外投资或对外购买资产所掩盖。简而言之，就是通过移交主权达成的。

工人阶级至上主义曾是社会主义的偏见，而如今对工人的遗忘则是自由主义的偏见。左派的角色就是要重建技能、技术文化和勤劳意识。传授技术，新旧更迭，开办职业学校和工程师学校，提拔底层工薪人员，关注车间和实验室的工作人员：这么多决定性的措施都将有利于国家的崛起以及共和国价值观的推广。

资方责备我们缺乏竞争力。他没有质疑自己的责任，只是一味地要求降低工资和社会保障。当然，在与同行的对比中，生产成本也需考虑。而对我们唯一工作的社会保障的投资，成了不可避免的障碍。我知道过于刻板会加剧失业。建立起职业社会保障，可以加强劳动者本应享有的安全保护，同时从对企业有利的层面来说，促进了劳动力的流通。但是，谁能相信持续下降的劳动力成本——是否应该与中国和印度保持一致——会成为治愈我们疾病的灵丹妙药呢？何况，工资也能促进消费，购买力也是经济增长的盟友。最好在工业附加值中增加创新、转型和资历的比重，简言之，就是增加人才的比重。德国工人的待遇并不比法国工人差。正是产业文化、专业化和质量带来了差异。

结构性失业加剧了某种不稳定，这种不稳定成了许多行业（个人分配或医疗等方面）的第二属性。服务业本应成为经济的未来，但现在却成了史前史。劳动节奏、时间强度和恶劣的条件往往让雇员成了从事苦役的劳动者，而当他们属于分包人员时则更无地位可言。今年冬天，机场安保人员的罢工就是一个新的例证。这是一群“无名小卒”的抗争，他们压根不知道雇主是怎样的一方。懦弱的工会，不完善的劳资协议，以及求职者之间的残酷竞争：这是一种新的剥削形式，没那么集中，没那么明显，没那么有组织，却在全国范围内四处蔓延。工作的痛苦是二十一世纪的弊病，让我们不禁想起十九世纪，遭受这种打击的首先是新的平民阶层，而他们恰恰是经济发展的主力军。其中，妇女和年轻人占大多数，不管他们是否出生于敏感地区。正如弗洛伦斯•欧贝纳[1]在《乌斯特罕码头》[2]一书中揭露的那样，他们也是法国社会图景中默默无闻的人。替这些劳动者平反，表达他们的忧虑和希望，许以他们在国家中应有的地位：这将是我五年任期中始终需要关注的。

生态恶化

右派历届政府奉行的环境政策，因犹豫不决和畏首畏尾而导致了工业的落后。当然，雅克•希拉克自称在这一方面有着不可否认的敏感。当然，菲永[3]政府召开的一次名为“格雷内尔环境”的会议，汇集了主要的相关组织，紧接

1　当代法国记者，化身底层阶级，揭露他们的生活艰难状况。——译注

2　又译《资深记者化身底层阶级180天》。——译注

3　弗朗索瓦•菲永（François Fillon），2007年起被萨科齐任命为总理，2012年5月卸职。——译注

着采取了一系列有效措施。但是参与讨论的人同样证明，其重点只是停留在一些美好的愿望上。碳税本来有望成为抵制全球变暖的主要手段，最后却被弃之一边。这种对最初承诺的遗忘和空谈，浓缩为共和国总统在一次农展上所说的一句话，这句话值得传给后世："环境，已经开始好转！"我们可以感觉到总统因为全球变暖而做出此项承诺的诚意。当社会党与我们的欧洲生态盟国之间签署协议之后，该项承诺的轻率性在随后爆发的论战中体现得更加明显，这也将为未来的国家代表提供一个参考。与绿党（环境保护主义者）不同的是，我不认为实现这个"走出核能"计划是明智且现实的。我们不能突然停止现有的发电站，那只会威胁到就业并危及国家的能源独立。我们更不能中止弗拉芒维尔的原子能反应堆建设，数十亿资金已经投入进去，而且这项新科技预示着十分有利的前景。我将致力于在2025年之前将核能在电力生产中的比重减至50%，并相应发展可再生能源。不多也不少。因此，我拒绝签署那份模棱两可的协议。我的立场很明确——此外，我已经准备好中止，而不是接受一份含混不清的协议。我只承认我所做过的决定。

跟核工业的工作人员一样，我深知该行业的质量和行为方式。我致力于法国能源的独立以及产生最优惠的电价，而这一切长期以来都得益于核能。但是，在福岛核电站事故之后，法国不再仅仅依靠核能作为大部分能源补给。百分之百的核能，这是右派的信条，如今已然过时，也正是百分之百的核能让我们转向借助于可再生能源。迎接未来同样需要寻求能源供应的多样化。这方面的长期努力将促进科技进步和工业的发展。“混合能源”是个机遇。核能比重的减少以及新能源的飞速发展，将使公民在未来某一天能够选择不同的电力生产方式。从现在开始为能源过渡做好准备：这是我的选择；法国十分明白这种务实的、开放的立场的益处。

凡是值得为能源所做的事，都适用于所有的生态问题。为一种环保的生活方式投资，也就是为我们未来的产业投资。保护我们的环境不仅是一种爱惜自然的方式，而且能通过环保型经济增长来促进一种新的文明的诞生，这种文明更加人性，同时也为发展经济和创造就业开辟了前景。面对这场运动，法国不应裹足不前，否则明天就会因此付出惨重的代价。

为了一种工业爱国主义

信奉过度的自由交换、在实践中又声称宗教主义的欧洲，在世界经济市场中也因此显得保守。促进良性的发展路线还是计较利益而牺牲道德，两种不同的选择会带来不一样的结果。完全不考虑有关商品的实际生产条件，一味向进口产品大开边境，以及按照预期价格生产而对环境造成无法承受的破坏，面对这种不择手段的竞争，欧洲乃至法国的一部分生产机构受到了威胁。

当然，统计数字表明，这种现象并不像我们认为的那样普遍，与南方国家[1]或发展中国家的进口贸易仅占法国外贸经济的极小比重。对北方国家和欧洲的出口才是法国对外经济的主要部分，他们也是法国出口的优先市场，其中仅欧元区国家就占三分之二的份额。此外，应当注意的是，相较于邻国我们的竞争优势正在减少。通过严厉的措施，通过遭受经济危机的部门或地区的集中，这种没有社会保障的国家与国家的激烈竞争，使我们遭受了巨大的经济损

1　南方国家即第三世界，所涉指的国家和区域虽然没有绝对明确的界定，但一般指在政治、经济、社会现代化进程中比较落后的国家和地区。——译注

失。竞争力下降的同时，也导致了可能影响整个城市社会平衡的工业地区的转移。虽然目前工厂和企业的地区性转移还不是法国国内的主流，但从某种程度上讲，还是反映了法国与远东市场之间的竞争，其象征性的力量在一些工业区引起的社会创伤，恰恰冲击了我们的思想。

我坚决反对保守主义，它会抬高物价、降低世界经济的活力。当国家竞争力面临挑战时，我建议签署能够动员各种力量的生产性协议——企业、公司伙伴人、国家、地方集体和财政部门。我所提及的工业爱国主义，是总统选举制的创始者们最早提出的。极右派对人像对商品一样，封锁边境的做法十分危险；更有甚者，政府的候选人重新提起孩提时代汗衫上“法国制造”的标签。别忘了即将卸任的总统曾对我们说：爱工厂，就让它倒闭。

我对断章取义感到很遗憾，因为那可能引起选民对不同施政计划的混淆。尽管如此，我不会放弃这个很好的概念：确定优秀产业的长期目标，进行公共的和私人的探索，旨在将其付诸实施，启动相应的财政支持，大力发展中小型创新企业，稳定提供商与分包商的关系，开展年轻人的未来职业教育。简言之，走一条法国特色的经济发展路线。

在这条行动路线中，没有沙文主义，没有霸权，也不会对任何一个产业进行封锁。归根到底，相关国家也会从我们国家进口商品。

这并不是无限度地接受任何国际商贸中的经济行为。欧洲有权采用竞争者曾经采用的任何正当手段，同样，欧洲也有权要求他人做到人们要求她做的事：社会保护和基本的环境保护规范，即禁止对不发达国家劳动力的过度开发，使南方国家免于北方国家曾经为野蛮的、破坏性的工业化进程所做的牺牲。

是否要有脱离全球化的奇怪念头呢？我认为没有必要。我们应当质疑的，并非这种不可抵抗的、彻底改变全世界资本主义经济全球化的现象，而是法国自身在全球化浪潮中的定位。

这就是为什么我坚持在法国恢复公正——为了每个法国人的命运，更为了法国本来应有的地位。

共和国

“我的共和国，就是公民们寻求进步、正义和尊严，创造者解放思想，默默无闻的战士捍卫着所有人的利益，企业家致力于创造共同福祉的共和国。”

我们究竟是谁？这本来是个简单的问题，但我们所经历的那段时期却使答案变得很复杂。这个问题通过自身的复杂性，传递了社会机体中存在的弊病，俨然已成为一种主要的政治现实，长期以来被左派所忽视。法国历史悠久，历经沧桑，如今其身份却遭到了前所未有的质疑。这种焦虑并非新近出现，却是我最重视的问题。

信息传播网的大量衍生所造成的文化国际化；通过全球媒介传递的铺天盖地的符号和图像；经济的开放，让四通八达的社会因为依赖地球另一端所做出的决定而显得脆弱不堪；风驰电掣的速度可以在几小时之内把我们带到异域，或将最令人瞠目结舌的风俗呈现在我们面前；最为贫困的人口由南往北迁移，带着他们的激情和文化跟我们生活在一起，工作在一起，传统的坐标因而变得模糊，远古以来传承的价值观受到了挑战，日常习惯被不同的生活方式动摇，那些最优质的产品却要与廉价的技艺竞争，我们的民主原则似乎不适应全球的竞赛规则。

“不再有归属感”

与易于言传的东西恰恰相反，这种不适不一定会直接将法国人划入民族主义或反共和制的人民主义阵营。但是，如此频繁地与所遇到的人聊起此种忧虑的时候，我却很平静：我了解他们的顾虑。那些担心法国身份的人不一定是极端分子。

那些质疑今后全民族共同生活的是共和党人。他们热爱法国，相信祖国的独特、她的个性和她有力的声音。而那些耸着肩膀阅读我文章的人，应该到法国各地去走一走。

有些地方失去了自己的特色，这种民族生产的异化形式有时会导致惨痛的社会悲剧。真人秀中明显的美国化的生活方式，给人的感觉是百无聊赖，是对我们之外的民族习俗的笨拙模仿。那些习俗固然值得尊重，但似乎也没有什么高超之处，不管我们对大西洋彼岸的创造力多么佩服。信息即时传播，充满了新的知识，常常将我们的民族文化带入一个混乱的、弥漫着肤浅的娱乐活动之中，里面没有深文大义或有价值的东西。凭借共和国学校里所学到的知识，我们对所了解的东西感觉更有把握，对我们每天使用的语言和风格进行思考也更自在。为了更好地投身大众文化，我总是喜欢阅读《悲惨世界》，而不是《阁楼故事》[1]；为了理解情感的错综复杂，我更喜欢《包法利夫人》而不是《绝望的主妇》。换句话说，法国的文化遗产、她的著作和她的创新，需要的不仅仅是一种尊重和一种分享。

入境移民集中在一些贫困简陋的地区，给市镇的官员造成了诸多麻烦，他们也经常跟我说起。他们的经验表明，一座城市接纳来自外地的父母所生的众多孩子如果说是不容易的，但至少是可以做到的。至于那些刚刚搬来或者已在当地久居的贫困家庭，他们的孩子承受着文化和社会背景的改变，当进入同一所学校之后，他们怎样才能融入当

1 原文为英文*loft story*。——译注

地社会呢?

“不再有归属感”,现任内政部长似乎抓住了那些不得不与外来人共居并感觉被抛弃的人的心理,有一天竟这么义愤填膺地说。我为这句过于随意的话而感到惋惜,因为这话毕竟出自高层,但是我同样理解一些人的抱怨,他们被迫或出于依恋,留在已经面目全非的小区。怎么好责怪他们呢?尽管有关城市已付出巨大努力,但我们怎么会看不到那些安置得最好的家庭,无论来自何方,一有办法就移居到条件更好的地方呢?住在市中心,人们很容易忽略这些窘境,很容易把这些怒火划入危险的思想和“令人作呕的”记忆。我遇到过来自五湖四海的法国人,他们有一种痛苦的感受,就是不再熟悉周围的环境,在生活的小区感觉被遗弃。每当揭露一个几乎没有改善社会混居现象的住房政策时,我也在质疑城市规划的合理性,因为贫民区在共和国内部出现了。对此,我强调只有在这些地区赶紧加大教育力度,才能有利于人口的有效流动。相反,我在火车上遇到一个年轻人,健谈、聪明、出生在法国,当然与其他人一样拥有相同的权利,他对我说了一句话,似乎在刁难我:“当法国抛弃我的时候,我就觉得自己不再是法国人。”我跟他说，他无权否定自己的身份，法国接受他和他的家人，他应当尊重法国，这里就是他的家！并且他应为成为法国人而感到自豪：对于一个世界公民来说，法国是个美丽的名字！我当时很激动，语重心长地给他上了一节公民课。今后遇到这种具有反抗或决裂精神的年轻人时，如有必要，我仍然会这么做。正如我跟焦虑不安的移民所解释的那样，外籍居民的孩子也是法国人，而且跟每个人一样拥有同等的权利。

但是，面对这么多的恐惧、这么多的烦恼、这么多的忧虑，有时仅仅提醒他们注意原则是不够的。针对这些明显的问题，一定要给出具体的、符合共和国传统的，也就是说现实主义的、坚定的答案。在总统任期内，我将关注公民的身份以及对法国的依恋程度。

民族的地位

法国的身份依然需要界定。在这一点上，左派毫不含糊。国际主义者警惕一切民族、文化方面的定义，更不用说种族主义了，因为种族主义是一种新出现的、顽固的对异己的排斥，相较于那些出生在别处的人有种天生的优越感。这种观念，对于因种种无法选择的原因，跨越国界以求得更加美好生活的人来说，不免有失偏颇。人们时不时断章取义地引用勒南[1]的概念，而左派往往对其概念深信不疑。国家归属是一种自愿的行为，意味着愿意集中在同一片领土或同一个国家的人聚在一起。这种归属是“每日的公民投票”[2]，和出身没有什么关系，原因决定一切。从严格意义上来说，身份具有政治性和法律特征。一旦接受某国的法律，他就完全是该国的成员。德国的哲学家哈贝马斯比其他人更了解对身份的狂热，他论及了一种“符合立宪政体的爱国主义”[3]，我认同这个传统的概念。我赞成宪法对于民族性的定义。该立宪议会造就了现代法国，声称所有热爱《人权宣言》的人、所有捍卫法兰西共和国的人，以及所有保护妇女和儿童的人都是法国人。

1 欧内斯特•勒南 (Ernest Renan, 1823—1892)，法国早期的自由民族主义者。——译注

2 即选择“自己是法国国民”，在这个意愿上建立国民的集合体。——译注

3 所谓“符合立宪政体的爱国主义”，是指公民对现代国家普遍确立的有关平等、自由权利的宪法原则的认同和忠诚。——译注

但是我知道，仅仅这样还不够。在爱国主义的情感中，还有对祖国的热爱和依恋。祖国目睹了你的出生或者欢迎了你，她有着你从小就耳濡目染的风俗，有着伴你成长的歌曲和童谣，有着熟悉的风景，有着深受人们喜爱和尊重的生活方式，有着全国上下共同经历的伟大时刻。而在法国怎么可能体会不到这种爱国情感呢？在这里，大自然如此富饶，城市的艺术和建筑如此琳琅满目，文学和思想陶冶了情操、照亮了世界，而作为世界上最优秀的民族之一，法国人民誓将命运掌握在自己手里。我深爱自己的祖国，我爱法国历史上的伟大时刻。法国并不是从法国大革命才开始的，其历史源远流长，饱含了先辈们所经历的种种磨难。他们是贫苦的农民，足智多谋的商人，灵巧的手工艺者，早期的工人，勇猛的战士。至于国王，我并不责怨他们。他们确有不称职或罪恶的地方，但归根到底是最明智的人。从亨利四世开始，历代帝王统一了国家并留下了丰富的遗产。虽然我对1871年镇压了巴黎公社的“凡尔赛分子”很反感，但是，当弗朗索瓦•密特朗在任期内第一次在凡尔赛组织大型国际会议时，我赞美了他。这是国家承前启后的方式，也是法国悠久历史之所在。当密特朗在圣丹尼大教堂[1]的卧像前，或者在韦兹莱[2]的山谷中寻找精神之源时，即使我不是信徒，我也能理解此种做法。不过，我更喜欢科雷兹的道路、田野、树林、教堂和村庄。在我的眼里，所有这一切仿佛杜•贝莱[3]所描绘的那样，“外省，一个不同寻常的地方”。我所捍卫的政教分离不是左派的价值观，而是作为一个法律和政治框架，要使每一个人都能享受到自由和保护，以抵制任何偏执的倾向。这就是为什么我要让1905年颁布的法律[4]成为制度性的价值规定。我赞同饶勒斯的观点，他对爱国主义怀有崇高的敬意，同时又不反对世界大同，认为所有的人都应该团结在一起。他的名言是：“少许的国际主义会远离祖国，充分的国际主义就会靠近；少许的爱国主义会背离共产国际，充分的爱国主义就会靠近。”这句话意味深长。正是出于对国家深沉的爱，我对共和国

1　位于巴黎北部，是法国皇家陵园，这里安葬着法兰西的38位统治者。——译注

2　位于法国中部勃艮第大区，这座圣山与耶路撒冷、罗马和圣雅克被称为基督教的四大圣地。——译注

3　杜•贝莱（Joachim du Bellay, 1522—1560），七星诗社重要成员，主要诗集有《罗马怀古》和《悔恨集》。——译注

4　法国于1905年颁布教会和国家分离的法律。——译注

以及共和国的英雄崇拜无比，他们是历史的巨人，英勇无畏地走在人类的最前列。共和国，是所有法国人的共和国，是她首先奠定了我对法兰西的热爱。

右派曾经让我们根据他们的术语，在政府的指令下在各省讨论国家的身份。提出这种离奇建议的人，不啻为一个叛徒，一个贪图享受、讨厌纪律的逃兵。这是企图引起法国恐惧的无耻行径，但并没有什么结果，这场讨论在喧嚣和分裂中结束了。因为法国的身份首先是共和国，一个保护、容纳、团结的共和国。然而，五年来，共和国千疮百孔。

我的共和国

共和国就是斗争。她既能够把我们聚集在一起，也能把我们撕裂开来。通过政治运动，她能够让我们推动法国进步。我承认，每个人在此类运动中都有自己的阵营，我也有自己的参照：1848年开始否认金钱力量的工人；拒绝失败仍冲锋陷阵、最后遭受残酷镇压的巴黎公社社员；为了证明德雷福斯[1]的无辜，以及为了学校、媒体自由或政教分离的法律规定而进行斗争的伯纳德•拉扎尔；正是这些人的斗争造就了今天的法国。饶勒斯是个主张进步的演说家，他在每一个人的心中燃起了对另外一种社会的梦想，后来他遭到暗算，仅仅是因为他希望和平。第一次被人民阵线推上政治舞台的社会党人布鲁姆；当工薪阶层获得解放，第一次可以眺望大海、仰视天空的时候，道路充满了阳光和铃兰花。我的共和国，是充满抗争历史的共和国，有着戴高乐的脸庞，身上留有让•穆兰[2]的伤疤。从祖国解放的那一刻起，她就拥有游击队员作为中坚力量来建立一个更好的社会。入伍的青年拒绝参与阿尔及利亚将军的暴动，沙隆人民的示威游行，以及“五月风暴”的“愤慨者”——学生和工人，推翻了旧社会并改变了同时代人的思想。

简而言之，我的共和国，就是公民寻求进步、正义和尊严，创造者解放思想，默默无闻的战士捍卫所有人的利益，企业家致力于创造共同福祉的共和国。我的共和国，就是

1 德雷福斯为法国军官，被控向德国出卖新式武器的秘密。1896年前后，犹太裔记者拉扎尔对该案进行报道，声援德雷福斯。——译注

2 让•穆兰 (Jean Moulin,1899—1943)，法国民族英雄，1943年被捕后坚决不投降，在遭受盖世太保一个月的折磨后去世，年仅44岁。——译注

移民的孩子过上引以为豪的生活的共和国。只要他们尊重我们的法律，他们就能在我们中间享有自己的地位。

这就是值得与他们进行分享的历史，这就是需要平息的当下，这就是要我们齐心协力创造的未来。在宣扬的价值理念与每天所感受到的排斥、歧视和隔离之间，我所看到的即使不是天壤之别，也至少存在一定的差距。简而言之，分离。如今威胁我们的，不再是类似2005年的郊区骚乱[1]，而更多的是无数地区的分裂、分化和禁闭。简单地说，就是地域冲突，一种社会性的和民族性的地理隔离现象。任何一位公民都不应容忍这种状况，因为这样的偏离对国家来说是致命的。发展不应仅局限于经济层面，而应该是全民族的，关系到学校、社会融合以及就业，同样也关系到住房政策，国家政策应实现真正的社会融合。共和国，有容乃大。我不想通过政派或投票来区分法国人。我想把他们汇集在一起而不是互相分离，让他们和平相处而不是互相欺压。如果左派丑化对手，似乎要撵走所有与其政见不同的人，那么这种做法就大错特错。一旦左派知道

1　2005年，巴黎郊区两名北非出身的男孩躲避警察时被电死。当地青少年发起首次骚乱，后蔓延至巴黎郊区多处，一周后波及法国其他城市。——译注

将自己置身于整个国家的高度，就会致力于推动法国的进步。在即将进行的选举中，我不会伪饰我自己。我属于社会党。我的方案也属于社会党。左派和环保主义者是我的同盟。我不会踏入三角关系，我也不知道此为何物。当我谈及戴高乐的时候，并不是为了将我们归为一派。我谈他是为了表达对他的尊重，因为他在危难时刻挽救了法国的荣誉!

我不排斥任何人，甚至是尼古拉•萨科齐的选民。2007年，他们相信其政策能够实现复苏，最后却被残忍地欺骗。这些被忽视的、被抛弃的法国人，为自己也为他们的孩子忧心忡忡，他们关注我国的未来，却被国民阵线[1]的选票所蒙蔽。我要对他们说：让我们携起手来，共同寻找共和国以及让我们引以为豪的历史价值观吧。

左派，即法则

这些记忆，是民族叙事中构成坚实基础的连续篇章。

1 国民阵线 (Front National, 简称FN)，法国极右派民族主义政党，1972年由让—马里•勒庞创建。——译注让我们再次引用勒南的话：“构建一个国家，并不意味着说相同的语言，或者属于同一个人种，而是过去共同完成了伟大事业，并且将来还想继续如此……”法国人曾经携手完成的事业不言而喻，其力量和荣耀光彩夺目。正如1848年拉马丁在市政广场发表的历史性讲话中所说：巴黎的旗帜飘扬在欧洲各地，将自由和平等的理念传播给了每一个人。这样的过去也决定着未来：所以我并不担心法国的身份。法国因其成分的多样性而不断变化，每个时代都有无数男女加入，共同开发，法国因此生生不息。但是，国家的准则自法国大革命以来就已确立，这些准则铭刻在市政厅的横梁上，更铭记在每个公民的心中。如今很少有人会对这些准则提出质疑。说到底，极右派对法国建设的力量缺乏信心，认为国家建设是一项危如累卵的工程，一旦接手，让人痛斥的少数派就会不停地从中作梗，而实际上少数派首先想要做的就是融入社会，他们对多数派没有任何力量或影响力可言。

此外，我们还需回顾一下共同的法则。没有共同的法则就没有社会契约，亦无社会融合可言。尤其对于踏入法国国境的人来说，这些法则意义十分重大。我很理解离开自己故土的人，他们只是为了追寻一种更为安逸的生活。我谴责萨科齐政府不断出台的专断措施，那些应急法案既苛刻又低效，愚弄了选民更打压了非法移民！但是，我赞同米歇尔•罗卡尔[1]的一句话，大家对他的这段话耳熟能详："法国不能容纳世界上所有的悲剧，即使她应该承担应有的责任。"进一步讲，这将威胁到我们城市和社会的平衡。这届政府将以应有的人道主义和必要的坚定立场处理这些问题。根据相关的标准，无证移民将通过个案处理实现合法化，如有必要，他们将被驱逐出境。左派，就是拒绝专制，但同时也拒绝纵容。这就是法则，绝无仅有，唯此一条。

共和国不承认宗派团体

融入社会，需要接受公认的价值观，而不是接受古怪的准则，或更糟糕的是，接受吹毛求疵的过程。这就意味着，必须了解或采纳法国的习俗和生活方式，接受法国的

1 米歇尔•罗卡尔（Michel Rocard, 1930— ），法国社会党政治家，曾任社会党第一书记和法国总理。——译注

传承，因为它们承载了所有的回忆。在法国合法定居的外籍居民是我们的客人。这种身份赋予了他们社会和公民的权利，所有通过自己的劳动和智慧促进社会进步的人都享有这些权利。基于这一点，社会党提议，如果我们在后面两届选举中获胜，那么来自别处的居民在地方选举中也有投票权。至于他们的孩子，我们规定，他们与其他人一样都是法国公民。但我要对所有这些父母和孩子强调：根据法则产生权利，必然也产生相应的义务。在法国的每个人都可以自由地选择宗教或相信任何一种宗教。但前提是：尊重其他人同等的权利，让每一个人，无论男女，与他们的同事和邻居和睦相处。互利互惠是民主的基础。同样，我会用所能支配的道德和法律力量，竭力反对任何背离社会的行为，因为这样的背离将个人囿于特殊的、封闭的，且具有压迫性的团体之中；这样的背离意味着要改变或在某种意义上改写共和国的法律；这样的背离将法国社会分成许多文化、民族或宗教区域，这些区域将由最初的分离变得互相敌对。法兰西共和国抛弃了盎格鲁—撒克逊人的集体模式，建立在个人理性的自由和责任之上。这个承诺——或者这个警告——同样适用于所有的宗教。政教分离的原则是不能让步的，我们得牢牢坚持。这些原则保障了每个人的信仰自由，保护了所有的宗教，跟那些毫无信仰的人一样，给宗教留有充分的余地。

我愿意继续澄清一些事实：部分法国公众认为，法国第二大教伊斯兰教还没有接受政教分离的规定。我不以为然。法国的穆斯林都是良好的公民，他们实际上跟犹太教、天主教、新教和其他许多宗教一样，把个人信仰与公民信念区分对待。诚然，偶尔会有这样或那样的原教旨主义团体竟然将自己的意愿强加于人，为了仇视自由的思想潮流而充当压力集团，对此我会进行打压。作为交换，我郑重地承诺，为严格贯彻原则所付出的努力一定会得到回报，移民及其子女对社会契约的尊重，一定会有一系列措施方便其融入社会。共和国是严格的，但不失公正。对于那些信任她并寻求她保护的人，共和国十分感激。对那些不再信任法国的人，我要说：法国信任你们。

如今，严峻的经济形势和社会现状让法国城市不堪重负，这里的生活如此艰难，未来有可能成为法国英才的竞技场。活跃的、富有想象力的、创业型或学术型的一代年轻人，会慢慢地从这些贫困的街区中脱颖而出。我们要做的，是给他们提供方法，全力反对一切形式的歧视，把这些当前被忽视、受排挤的客人邀请到我们的饭桌上。为了给每个人确保一个和平的环境，我觉得，亟须确保共和国的警力。打击非法交易、土匪和暴力行为刻不容缓。对于那些受害者，担惊受怕、足不出户的人，共和国也负有责任。在那些令人心灰意冷的地区，共和国应该重新给人们带来希望！

文化无处不在

法国也是通过文化的形式而存在的。这种形式无论是对文化遗产和创造者活动的保护，还是对于将价值观传承给下一代都具有决定性的作用。我将通过这种手段有所行动。文化预算将被赋予神圣的地位，文化部可以完成两项任务：培养大量的艺术家，创造尽可能多的文化产业。这就意味着必须重新审视法国的文化布局，也就是要滋润所有被遗忘的国土、地区中被弃置的地方，以及大城市中被忽视的街区。只有这样，法国的遗产才能得到最好的保护。

如今，互联网在很大程度上操控了文化的命运。Hadopi法案[1]未能给发起人带来任何益处，反而使之与公众相对立。我将与文化界所有专业人士紧密合作，出台一项法案来取代Hadopi法案，将签署法国文化特别法案第二条法令。我的提议基于两个理念：简化著作权管理，同时在网上提供合法的文化获取途径，促进所有的数字经济参与者对艺术创造进行投资。如果我们不与非物质文化创造的最直接利用者，也就是服务提供商和材料生产商进行合作，那么就不能实现公正的报酬。我一直提醒，创造者的作品应当获得报酬。我会坚持打击假冒伪劣商品，使精神权利得到尊重，防止盗用著作权和媒体年鉴，这对于产业的平衡至关重要。在未来的五年里，文学和艺术作品的数字化举足轻重，这将是新的经济模式下的增长要素之一。最后，我将提出一个全国艺术教育计划，让几个部门来共同执行，具有独立的预算，直属总理名下。艺术史成为一门完整的学科，有自己的录取考试。

只有当文化面向他者，法国才显得强大有力、光彩夺目。当我得知内政部长发布了一项政策，导致一些艺术家无

1 即打击网络非法下载行为的法案。——译注

法来到法国表演、展览和创作的时候，我感到无法忍受。

因此说到底，我想与忐忑不安的法兰西对话，与失去自信，自觉坠入全球化、混乱不堪和孤立无援之漩涡中的法兰西对话。对于这样一个国家，我想说：让我们重新站起来！振作起来！我们是个强国。过去，法国常常位于世界前列，是个榜样。这样的时代一定会重现，未来等待着我们。在这个动荡不安、危机四伏的世界，我们仍有机遇。如果我们反对分裂，如果我们选择坚定的、公正的、一致的，而不是粗暴的、厚颜无耻的或放肆的政府，如果法国重新振作起来，那么，我们就能让法国的梦想成为下一代人的美好前景！

欧　洲

“我参加总统竞选，将使欧洲有机会听到全新的声音。”

我们这一代人是欧洲人，可以说生来就是。感情和理性让我热爱欧洲，我将这里视为理想之地。

二十世纪五六十年代，年幼的我目标尚未明确，但能够理解我们必须不惜一切代价，在这块被历史所蹂躏的土地上团结起来，欧洲人必须竭尽全力重建家园。第二次世界大战是一场前所未有的浩劫，在欧洲内战中，我们的父辈发起了战争或受战争之苦；世上一大文明国度表现出了令人难以置信的野蛮和暴力；抵抗运动的先驱仍让人记忆犹新；欧洲犹太人遭受种族灭绝的程度被发现后，今后“永不发生”的愿望变得十分强烈；所有人致力于创建欧盟，以保证这些自建立以来就纷争不断的国家间的和平与合作。

欧洲的斗士

我们对边界并不担心，我们想发现世界，首先想发现欧洲大陆。对音乐的喜爱是我们这代人的国际语言。所有这一切，让我们乐于看到历史悠久的国家与邻国在经济和文化层面的合作。跟许多人一样，我同样发现，欧洲通过经济和政治增强了对法国的影响。我认为，欧洲实力不负众望，将提高我们在国际舞台上的地位，并不断给法国政治、文化带来进步的喜讯。

最后，根据欧盟创建者的意愿，我将欧洲视为经济繁荣和社会福利的保障。从罗马协议[1]开始，我们就坚定不移地走在开放的道路上，这个协议不仅跟我们现在的设想一样，是一个自由贸易协议，而且是个农业、区域发展和文化方面的联合行动条约。此外，欧洲从某种程度上说是欧洲社会主义者的成果，他们与民主派—基督徒联合起来，努力创建历史上独一无二的结构，实现整个欧洲大

1 罗马协议于1957年由比利时、法国、意大利、卢森堡、荷兰和德国等联合签署，这个条约开创了欧洲经济联合体，奠定了欧盟的基础。——译注

陆的统一。因此，我对欧洲总是有某种概念：自愿、积极、团结一致、有保护能力、决定在世界协调方面发挥应有的作用。

因此，我理解弗朗索瓦•密特朗对于单一货币[1]的承诺。他想将新的德国纳入一个更大的计划之中。他注意到可以让大邻邦弃用旧货币马克，以稳固统一的货币体系。对于该货币，密特朗接受共同管理，前提是建立独立的欧洲中央银行。这是马斯特里赫特[2]的第一个误会。与此同时，我紧随以雅克•德洛尔[3]为首的欧洲委员会的步伐，一直坚持到1994年底。他设计了一个巨大的市场，但预先告诉我们：竞争不能充当政治方针。欧共体委员会，更应该由欧洲议会组成而不是由各个国家组成，应该拥有更强大的权威，但实际情况并非如此。由此产生了第二个误会。

接着，事情越发不可收拾。首先是柏林墙的倒塌——可以说是件大喜事——同样动摇了欧盟的基础。欧盟不再

1 “单一货币”(monnaie unique)又称“欧洲单一货币”，即今天的欧元。——译注

2 荷兰东南部城市，1992年欧盟在这里签订了著名的《马斯特里赫特条约》，即《欧洲联盟条约》。——译注

3 欧共体委员会主席，1989年提出了德洛尔计划，规定用20年时间完成欧洲经济货币同盟的组建。——译注

是强盛国家的联盟，雅尔塔体系在保证自由的同时却损害了其他利益。欧盟在政治上、人道上和道义上捍卫欧洲大陆的疆界。英国很快看到了自己的利益：通过改变范围，欧洲也改变了定义。欧洲被稀释了，不再是走向一个国家联邦的人类探索，而成了一个具有法律空间的市场机制。

德国并没有中断与法国的特权关系，而是抓住机遇，将只求经济影响的国家纳入自己的模式。法国天真地认为，德国的扩大会进一步巩固共同体的进程。法国仍想独占鳌头，因为她毕竟是唯一独立的政治力量。事实证明，这只是天方夜谭。法国本应坚定地推行一项欧洲提案，形成以坚实的经济为核心以及逐渐融合的同心圆模式。欧元区应符合这一模式，因为这仅限于几个在经济层面相似的国家。但是，由于担心欧元过于强盛，以及出于大团结精神的考虑，我们在1997年接纳了南部国家（意大利、西班牙、葡萄牙、希腊），即使这些国家在十年之后仍显薄弱。由于担心欧洲的联盟过于紧密，我们在1994年拒绝了德国沃尔夫冈•朔伊布勒[1]的提议，随即又在1999年拒绝了约施卡•菲舍

1　沃尔夫冈•朔伊布勒（Wolfgang Schäuble, 1942— ），德国基督教民主联盟党内的重要人物。——译注

尔[1]关于建立一个政治上更为融合的欧洲的提议。我们犹豫的结果是，不得不对条约进行修订，就好像体制框架的革新，可以让我们免于在共同计划上超越某些国家一样。我们的工作没有展开，而是在绕线团。更坏的是，连线团都丢了！

理解“不”

我痛苦地经历了有关欧洲宪法条约的辩论。作为“是”的那一方，我将该条约文本视为制度的进步，或者至少，它通过欧洲理事会主席、外交部长以及有资历的多数党派的一系列决定，尝试加强欧洲的管理。这一条约不是欧洲的政治建构，而是作为欧洲基础的经济蓝图。超过54%的法国人否定了这个文本。我跟他们谈论治理、基本权和共同的内政，他们回答说，这是放松治理、非地方化和权利的剥夺。我在三十年的政治生涯中——从第一次科雷兹竞选至今——也曾遭受挫折：1986年，1993年，甚至包

1 约施卡•马丁•菲舍尔（Joseph Martin Fischer, 1948— ），德国前外交部长。——译注

括2002年。但在此之前，我从未感到如此挫败。除了对这一条约的否定，我从来没有被否决过，而我自己的选民则认为，这一条约是自由主义的胜利。这次失败可作为前车之鉴，但并没有获得更好的结果。著名的B计划仍被搁置在想象的抽屉里，取而代之的正是小小的里斯本协议[1]。然而，这个协议预测了我们如今所经历的经济危机。在缺乏人民信任、爱戴和支持的情况下，经济实体，更不用说货币实体是无法长期生存的。市场给了自己一个教训。如果意识到了所面对的政治权威具有强大的合法性，以及整个欧洲大陆颠扑不破的团结，市场就不可能动摇欧元区。眼下缺乏的，正是有效的方法，尤其是充满活力的民主。

通过回顾，我进一步衡量了在苦涩的政治活动中曾经推测的事，其间左派，包括社会党人，四分五裂。我们未曾料到的政治建设偏离了轨道，令人焦虑不安，且这种偏离在市场的压力下，逃避了公民的明确意愿；欧洲领导人倾向于建立独有的体制来保证决策的力度和速度，这样的怯懦令人焦虑不安。当他们面对沉重的打击却仍然要验证市场

1　2007年，欧盟各国首脑在里斯本签署欧盟新条约。——译注

效应时，我发现他们无能为力。我感觉到了危险，巨大的危险。在欧洲各地，这种危险促使专制的民众主义和沙文主义在人民阶层中滋生，威胁着我们的民主安全。而一些精英对这种令人沮丧的现象无动于衷，认为这在引人注目的市场适应活动中处于次要地位。但是，这些观点并没有使欧洲被抛弃。尽管经历了这么多坎坷，欧元，这个几乎不让人心存幻想的单一货币，仍然没有让人们丧失信心，人们首先想做的仍然是拯救欧元。人们可不想看到欧洲末日，仍然希冀帮助她和庇护她。针对这个问题，我曾跟许多人促膝长谈，包括德国社会民主党主席西格马尔•加布里尔，意大利左派领袖贝沙尼，比利时首相艾利奥•迪吕波，以及卢森堡首相、传统的基督教民主主义者让—克劳德•容克。欧洲不能长期在这条道路上裹足不前，必须共同致力于经济增长、科技和工业合作，以及民主的法律，必须捍卫平衡的社会模式，在这个模式中个人自主与集体行动并立，而后者建立在先辈的价值观、自由和大团结的基础之上，这三者是不可分割的整体。这样的社会模式对于我们极为珍贵，可以为更加开明的欧洲右派所理解和接受，因为我们所要建立的是有利的力量关系。

真正的重建

在这些突发奇想的为经济腾飞而采取的即兴之举中，即将卸任的总统自诩为捍卫者，并突然为“欧洲的改造”辩护起来。然而，也正是他承认了欧洲的衰退。实际上，在其任期内，他一直无视欧洲议会，这个唯一直接被选定的机构。他主张政府间，主要是法国与德国之间的互相折衷。要知道在这对现代组合中，是安格拉•默克尔[1]掌握着主动权。当然，选举出来的政府机构间的对话往往可以敦促行动的落实，但他却故意将传达欧洲精神的欧洲委员会的建议置若罔闻，明知一些人根本无法胜任，仍然任命他们担任重要的行政职务。他唯恐成为过于出风头的欧洲首脑，带着与自身相称的谦虚，想成为唯一潜在的领导者。其结果，大家有目共睹。

当然，欧洲必须进行重建。但不是基于即将卸任的总统所实行的——或承认的原则。这次我参加总统竞选，将使欧洲有机会听到全新的声音。

---

1 安格拉•默克尔（Angela Dorothea Merkel, 1954— ），德国现任总理，也是德国历史上第一位女总理。——译注

我建议大家，共同落实摆脱经济危机的策略，中央银行应承担责任，重新达到预算平衡的期限应考虑到经济增长的需要。共同的经济治理不仅仅是国家利益的处理，也应顾及社会平衡以及财政和社会的协调。

我重视法国人民的巨大作用，希望对金钱市场的严格调控最终能够实现，接着便是金融交易产生真正的税收。

最后，我将为欧盟的法律机构说话，使之在欧洲体制的实践中重新被重视。

我会被理解吗？我相信会。在这场战斗中，法国不是孤军奋战。解决方案会得到知识界和政界重要人士的支持。这些方案与欧洲缔造者的精神以及常被忽视的《罗马条约》的内容相一致，还借鉴了奥巴马政府在就业方面的做法。这些尊重人民意愿的方案，将是我在欧洲内外的唯一行动指南。

在只有财政规则作为防线的情况下，人们是否愿意在市场化的欧洲道路上继续前行？或者说，民主精神的观念以及对这种精神的尊重最终会占上风吗？欧洲的领导人应该相信，没有什么是欧洲人做不到的。

做总统

“总统的价值在于他的实际作为。”

我对尼古拉•萨科齐不甚了解。1988年，我们同时当选国会议员，此后我们还曾有过多次交集，都先后当过国会议员和政党领导人。就任总统后，他在爱丽舍宫接待了我几次。当时我是社会党的第一书记，而他刚刚上任。他很快就停止了与人协商。他自说自话远远超过倾听，这确实是他个性的一部分。他更喜欢自说自话，而不是与人对话。我觉得只要他认为是浪费时间的事，就会弃之不理。他错了。与反对派进行对话，是政府的一个重要方针。

我曾与他进行过四次电视辩论。我很期待第五次。如果有此机会，那么这次辩论将是最关键的一次。在这些交流中，他留给我的印象是一个精力充沛、信念坚定的人，但只是坚定地固执己见！他最好不时地改变这种坚定。他对自己的决定过于肯定，即使事实经常出乎他的意料。此时他不再谈论事实，而是为自己辩护——显然这是一种诡辩。如果你不赞成他，那就是反对他。他创造了一种风格，那就是无休止地开展一项运动，并且每一次都谴责不同的对手，却采用同样的处理方法：痛斥。他从不愿息事宁人。除非对方告诉他，冷静自持远比过度谩骂更适合一位总统。但究竟有多少次的肆意而过分攻讦，只有他自己知道。经济危机击败了他。他却抓住危机，以之为助力。但为时已晚，严重的失败和所需支付的昂贵代价是他无法承受的。他试图通过展现诚意和忏悔错误，让自己的罪行得到宽恕。他相信只要宣称自己已经有所改变，就能逆转态势，把握机遇，但事实恰恰相反。

在任时，他毫无建树。这是右派一贯的做事风格。他们不动声色，声称自己没有拘泥于意识形态，顺应时代，战胜命运，随机应变，从勤劳的毛毛虫蜕变成为绚烂的蝴蝶。右派为自己臆造出羽毛[1]，不是为了打扮，而是为了文过饰非。即将卸任的总统就有好几支这样的羽毛：有用时

1　法语为plume，既可表示羽毛，又可表示笔。——译注

是共和主义者，必要时是反对主义者，卓有成效时是深思熟虑者。对于自己的任期总结，他总是遮遮掩掩。正如弗朗索瓦•密特朗在季思卡宣布再次参选总统那一天所说的那样，季思卡应道歉而不是宣布参选。对于萨科齐而言，没有什么能约束他，甚至包括他自己。在总统任期还剩几周的时候，这位新的候选人如果与下一任总统之职无缘，他应该毫不意外。

他假装健忘，似乎这样就不用为任何事情负责。由始至终，他只依赖经验做事。他让人民忧心忡忡，惶惶不可终日。怎么可以将法国置于他所造成的境地而放任不管？他甚至借助于诋毁。谁能有这样的自负做他的继任者？他，丝毫不将其前任放在眼里！

在我看来，这场即将拉开帷幕的选举，势必成为一场狂风暴雨。交锋已经开始，经过十年的执政，右派那些幕后掌权者已经紧锣密鼓地在高层精心策划交易，唯恐一朝失去手中的权力。

他很少会如此殚精竭虑地维护自身毫无创意的想法。他如此坚定地信奉即兴之举，如此旗帜鲜明地确信他多变的立场。他的政策使法国浪费了太多的时间，其改革名目繁多，前后自相矛盾。他迫使国家毫无准备地面对诸多考验。不可否认，他加剧了不平等现象，屈服于市场。他不啻为语言的巨人，行动的矮子。结果有目共睹：政府实力衰弱，议会被忽视，司法被奴役，警力被削弱，媒体被操控。这一回，他再次声称他变了。事实上，他无时无刻不在变。但是必须抓住他的话，真正需要变的，正是这位即将卸任的总统！

政治的颂歌

眼下，民众对政府的不信任已经到了罕见的程度：人们意识到很多事不能在这里作出决定，或者任何承诺都值得怀疑。

一切接踵而至。对于他人的怀疑，面对金钱势力的恐惧，以及认为理想最终会遭遇现实的打击。从这个意义上来说，2007年的大选和随之而来的沮丧导致了这五年总统任期内的变化。为决定而决定。如果一切能够这样运行。如果他足够干脆、果断地使国家前进。然而，动动嘴皮通常只是虚张声势，不脚踏实地的努力永远不会让国家进步。为了长足的发展和明晰的前景，至关重要的，是坚韧不拔、前后一致和诚实信用。

如果治理不能推动变革，那么治理又有什么意义？在若斯潘担任总理期间，我作为社会党第一书记，参与了政府的所有重要决策，每一个决策都事先与总理当面商讨。最终做出决定的当然只有一个人，但在这些情况下，建议本身同样也是有所行动，而我也要承担最终决策的责任和与之相应的风险。无论是在利昂内尔•若斯潘春风得意的时候，还是处于低谷的时期，我始终力挺他，当然回想起来低谷时期还是少得多。

我相信，我们的治理是卓有成效的。因为在我们的领导下，法国国力得到极大的增强，财政收支实现了平衡，失业率下降，并推行了多项重大的社会改革。我们没有做好的只是曾经的总统竞选。我们曾以为，一份漂亮的政绩总结足以赢得大多数人的支持，然而选民们更关心的是未来，而不是过去。不过，这五年任期总算是给左派和国家带来了荣誉。

我已经从中吸取了应有的教训。一项良好的举措若要取得成效，就必须基于坚定的原则。我已经确定了我的原则：首先，通过公平的努力实现国家复兴；其次，关心人民疾苦，尤其是那些平民百姓、勤劳的人和勇敢的人，他们总是为领导层的错误决策买单；再者，通过大力发展经济、促进社会融合以及知识和科技的进步，实现国家的现代化；最后，提高近十年来被社会遗忘的年轻人的地位。

总统不能一心二用，他不应干涉各部委的工作细节。那样做只会催生漫天盖地的谣言。如果当选总统，我的角色不在于用不入流的手段、虚假夸大的通告或霸占电视报纸，煽动人们竞相议论。如果人民最终选择了我，那么我的角色应当在于——确定重大的目标并坚持执行，让国民了解国家真实的情况，并调动国家的积极性来应对挑战。

总统应能很好地控制自己。总统应对危机，却不会在新闻评论中洋洋自得；总统可以有自己的情绪，但不宜过于激烈，更不能在他人面前流露情绪或吐露心声。总统的价值在于他的实际作为。如果我是总统，我会在任期内谨言慎行。我了解责任的分量。政治决策往往比我们认为的更具悲剧性。孟戴斯—弗朗斯说过：“统治，就是抉择。”国家更高层面的抉择，从来都不简单。能自我抑制对权力的欲望，是一个执政者的首要条件。

我将在各个领域恢复总理的职权。总理领导日常事务，并将其汇报给议会，议会中的大多数席位均通过普选产生。我不会越俎代庖干涉各部委的事务，各部部长各司其职，保留对自己部门的决策权和解释权。

总统负总责，政府主政，行政部门负责管理，三者各负其责。如果对什么都不负责，即便总统集所有权力于一身又有什么用？宪法规定，政府决定并引导国家的政策方向。我会遵守这个规定：总理会行使政府的权力。至于总统，他则代表国家并负责国家发展的主要方针。总统对政府的行为负责，并将这些行为汇报给民众。通过大型政治辩论，听取人民的呼声，传达他与政府共同的意愿。总统是法国国民意志的代表和每个人的榜样。简言之，总统是国家和公民的领袖。

迫在眉睫的需要：安全

我会全力执行总统的职能，包括安全领域。如果该领域曾让即将卸任的总统遭受挫败，那么就该由另外一位总统来继续。他曾把这个迫切需要作为战马，但最后马疲惫不堪，他也铩羽而归。

尽管十年来政府不断向犯罪宣战，法国的暴力现象却不断加剧。统计数据显示，犯罪数量略有下降，但这主要是因为对汽车和住房实施了更好的财产保护，侵犯公民财产安全的违法现象才有所减少。而作为公民安全的最大威胁，人身袭击的数量呈激增态势（五年内增长超过20%）。街头袭击愈演愈烈，帮会团伙在众多城市安插据点，毒品交易日益猖獗。仅以马赛街头为例，那里终日传来阵阵武器交锋的声音。极具讽刺意味的是，我们这位即将卸任的总统一度取消了便民警力。让他手足无措的麻烦随之而来，前不久他才以其他名义恢复该方面的警力。但这方面的行动还是太晚了。

令我感到遗憾的是，在处理社会危机时，左派未能被视为最有效的政党。因此，我要直面这个问题，这不是什么借口。最近，自从利昂内尔•若斯潘和让•皮埃尔•舍韦纳芒[1]在维勒班召开会议以来，社会党人改变了其安全理论。《法

1 让•皮埃尔•舍韦纳芒 (Jean Pierre Chevènement, 1939—)，法国共和与公民运动 (MRC) 主席，该运动属于法国欧洲怀疑主义左派政党。——译注

国人权宣言》的开头提到“安全的权利”，对于这个词，社会党赋予了充分的含义。这个词不仅涉及政权的安全，也指人们面对人身攻击，以及财产受到威胁时，安全也应该得到保障。不安全因素的增加首先打击的是那些弱势群体。罪犯为了图方便或采取就近原则，最先攻击的是邻居、孩子、妇女和老人。即使在警力不足的情况下，上层阶级好歹可以通过技术，通过监控严格的小区，以及借助于越来越受欢迎的私人保安来自我保护。几年前，当我得知那些非正式的公司招募的员工比法国真正的警察还要多的时候，我感到十分意外。这是共和国的失职，更是一种不平等。

内政部长将采取必要的方法展开行动：在严格遵守法律保障的同时，各领域将采取新的公共安全计划；进一步增加民意调查员，其耐心而有力的措施比媒体宣传更为有效；在犯罪情况最严重的地区，国内警力和宪兵队的分布将做出调整；从我个人来讲，我希望迅速动员地方和各省机构，共同致力于实现安全这一目标。当然，采取预防措施必不可少，但也要学会反抗，也就是说，所有受害者都有权坚定地拿起法律武器。罪犯通常膝下无儿无女，游手好闲，遭受抛弃，但是悲惨的状况不能作为借口。大多数贫困无比的法国人依然遵纪守法，因此根据法国法律的规定，我们会判断每个人的行为。面对犯罪和非法行为，共和国不会退缩。正如人民所希冀的那样，我将在法国各地恢复秩序和公正。有了年轻人和相应机构的加入，更为快捷的司法体系也就能建立起来，不会重蹈覆辙。

民主的典范

对于总统职权的行使和宪法的正常执行，议会的地位不言而喻，因为议会成员是普选出来的，所以议会更具有代表性。议员通过议会委员会可以更好地控制政府的行为，在议程上拥有更大的影响力，并在法案起草方面起着举足轻重的作用。

我希望法国在领土自由方面能够进入新的阶段。中央政府往往对区域和地方生活影响过大。弗朗索瓦•密特朗推行的第一项有关第五共和国地方分权的重大法案，实际上预示着无声的改革。从此，法国人拥有了新的权力，改变了法国的面貌。全国各地的地方性举措，市镇、省和大区的工作，以及团体和公民的创新刺激了经济的增长，改变了城市的形象，并改善了公共服务，最终促进了公民的参与，因为后者越来越希望自我管理。我会在这条路上继续走下去。大区和城市将会被赋予新的责任，同时，所需资源会划拨各地，一项新的地方税制将被采纳。

在我的任期内，我将避免一切对司法程序的干预，尤其是敏感案件。在合法的司法政策的框架内，检察官和审判官不受行政机关的干扰，由一套确保其独立性的委任体系所保护。现有的总统自称在这方面无可非议，实际令人不堪忍受：各种性质的、各个层面的干预影响了司法和警署的调查程序。我将永久性地结束这种破坏公信力、令法官蒙羞的行为。我们的法官只渴望一件事：在共和国原则的保护下公正执法。这就是我的构想。警方同样也须得到尊重、捍卫和承认，而不是让他们去完成不属于他们的任务。警方服务于人民，而不是权力。他们要调查的是罪犯，而不是记者或提供情报的人。

在我的任期内，将中止与媒体的任何隶属关系。通过建立一个互惠的服务网络系统，通过直接任命媒体的负责人，政府对媒体运作产生了不良影响。更不用说，通过与国家利益攸关的企业家来操纵某些新闻集团。我乐于阅读《费加罗报》，这份报纸颂扬温和的思想，却不知如何用“大胆”的标题来回报爱丽舍宫对该报业主的恩惠。我将中止这些守旧作风。法国人是了解我的。我与记者保持着友好关系，他们可以作证：我从来没有想过插手他们的工作。在我的任期内，将继续以这一可靠的方针为指导。这将是政府与媒体之间建立最终成熟关系的大好机会。我将取消行政当局对公共电视和广播负责人的直接任命。这些企业的领导应由公认的专业人士来招募，并由独立组成的部门任命。至于私营媒体，无论如何我都不会干预其运营，除非为了实现一个有利而稳定的法律环境而不得不这么做。必须让法国的信息传媒告别另一个时代的做法。我不想成为临时的主编或某些栏目的业余负责人。分析、评论、调查，各人各尽其职。事后，我会跟所有的公民一样去了解，带着同样的兴趣——或同样的怒火。

抉　择

“是否还有另外一条道路可走? 是否还有比今天更好的经济和社会发展战略? ”

是否还有另外一条道路可走？是否还有比今天更好的经济和社会发展战略？这些问题是右派拒绝思考的。对于他们来说，答案不言而喻：我们花费太多了，减少开销吧——如果这么想，那就对了！财政紧缩能实现收支平衡，收支平衡得到保障后，剩下的就交给市场。右派一贯奉行这一政策，因而只有一名候选人。唯一的候选人，对应的是唯一的路线。事实上，他也这么呼吁："让我们停止争论，停止诡辩，让毫无意义的讨论画上休止符。经济危机决定了我们的行为。"候选人选举已经进行，必须提出一套方案：还是同一个。毋庸置疑，这种政策会使国家陷入无尽的深渊，而这种结局是任何人都不愿看见的。

反对单一的思想

我想表明，右派的这种想法不仅不完整，而且不正确。我们需要另外一种更公正、更可靠、更有效的出路。这条新的出路基于完全不同的价值理念：团结协作、鼓励创新、集体行动，加上一个建立在生产性条约基础之上的国家战略。我想说的是，这种希望是值得期待的，可能的，乃至真实存在的。

所有人都要付诸努力。我们不能靠借债度日——无论对财政赤字过多的政府、收支不平衡的地区、吃了上顿愁下顿的人，还是对依赖于银行信贷的企业而言，借债度日都不是长久之计。如果我当总统，届时我将对现行税制进行调整。在此基础上开展税制改革，进一步调动国家的积极性，以期提高产量，增加收益。必须指出的是，如果我们想坚守法国的承诺并保证国家的独立，那么，能源改革就势在必行。简单地说，我的改革将涉及以下领域：银行体系的改革，合理的储蓄分配和教育制度改革。当务之急，是以优先发展教育为杠杆来改善青年的境遇，我将不遗余力地实现这一目标。我承诺，医疗、养老和住房等不平等的现象将会有所减少。对于无法通过预算渠道来解决的问题，可以借助于储蓄资金或激励机制来解决。我们的责任是双重的：既要确定中期战略，又要保证执行的速度。我们能够提前、加速、简化的所有一切，都要有利于实现经济增长。我是更新换代的候选人：替代一个无序的体制、严峻的社会形势和不公正的政策；替代一个集权的、集中的、沆瀣一气的政府，我不用“占为己有”来形容它。

这项计划可能遭到批评、嘲笑甚至诋毁，被认为是模糊的或疯狂的，并将之定性为谨小慎微的或粗制滥造的。不过，这些都是保守派的陈词滥调，这些言论不会影响我。如果我真的成为所有攻讦的目标，这倒是个好兆头——若是我无足轻重，他们的反应为何如此激烈？若是他们无所顾忌，又怎会如此咄咄逼人？若是他们理直气壮，又何需编织谎言？对失败的恐惧让他们狂怒，对胜利的信心引领我前行。我从不害怕正面交锋，因为右派与我们所宣称的一直背道而驰。每次辩论之前，他们总是试图诋毁左派的领袖。一开始，左派就说我们的领袖缺乏经验，或陈腐或无知。弗朗索瓦•密特朗在职期间曾遭遇同样的诋毁：左派嘲笑他先后十一次就任部长，经济上无所作为，只会被他的同盟和共产主义者所左右；而我，他们说我是一位“天使”，在环保主义者的眼里，则是一只温驯的羔羊！从内心深处，右派就从未打算要让位。他们将让位视为异常、失败和对手的“入侵”。他们认为执政权理所应当是他们的，因为他们生来就是为了发号施令，为了领导人民，为了统治国家。甚至当国家治理使他们不堪重负时，他们还是继续诋毁对手：“你们要知道，左派处在一个属于右派的欧洲！你们社会主义者处在一个资本主义的自由世界里。左派的领导人毫无治国经验！”我回答说：“不可能！”我平静地、坚定地走自己的路。我对我的计划很有信心，它虽然不是万能，但针对的是亟待解决的重大问题。政府将严格控制计划的财政支出。我相信我的同胞有足够敏锐的洞察力。

当然，还有其他的建议。我们可以在竞选活动中好好商议。坦率地说，这些建议仍值得商榷。我相信理性对话的价值，相信政治辩论的力量，相信集体智慧的作用。同时，我请大家对我的竞争对手提出的政策进行思考。

国民阵线的危险

最咄咄逼人且最令人生畏的，是来自极右派的威胁。左派大大低估了国民阵线的危险。一部分平民阶层由于生活不尽如人意的原因，在绝望中转而投向极端主义的阵营。对此，左派应承担一定的责任。左派应多与人民对话——我也努力要求自己这么做。但是，国民阵线的崛起还源于另外一种现象：2007年的第一轮法国总统大选中，部分选民当时听信尼古拉•萨科齐的承诺，导致让—马里•勒庞的支持率降低。在首轮投票中，选民们将大多数的票投给了萨科齐，并保证了他最后成功当选。但残酷的现实让他们大失所望。萨科齐执政五年期间，社会形势恶化，治安状况每况愈下。在今年的总统第一轮大选中，这部分选民的转移促成了国民阵线历史上从未有过的辉煌，他们把票投给了极右派女候选人[1]。

因此，我呼吁选民们在投票时应三思而后行。自踏上竞选征程以来，我说过，我的对手不是一个，而是两个：尼

1　即马琳•勒庞 (Marine Le Pen, 1968—)，马里•勒庞最小的女儿，2011年担任国民阵线主席。——译注

古拉•萨科齐和马琳•勒庞。由于遇到了经济危机，极端主义倾向愈演愈烈。马琳•勒庞声称，她的政党已做出改变，却从未对其父亲令人不齿的立场表示谴责。诚然，她回避了关于种族主义和排犹主义的过激言论——这是国民阵线老勒庞的代表性政见。就算她刻意隐匿了计划中最具挑衅性的思想，其本质还是不难看透的。说到底，马琳•勒庞的计划究竟是什么？她的移民政策依然极其苛刻，该政策总是与共和国尊重他人的传统相背离。她坚持恢复死刑，反对早在密特朗时代法国签署的欧洲条约，反对人权主义的刑事政策。她所捍卫的国民身份的民族概念，甚至是种族概念，直接将她划分到了二十世纪初或二战期间盛行的极右思潮中。尽管在此基础上她又增加了一个新的论点，但无论如何，她仍然是经济上狭隘的民粹主义者。众所周知，即使欧洲的发展现状令人失望，但与欧洲进行决裂依弊大于利。我们可以宣布退出欧元区，解除条约，无视三代人的功绩，但结果只会是货币贬值——国民阵线自己评估为近10%。实力大减后的法国必须孤军奋战，能源、服装和电脑的价格会明显提高，债务也会突然倍增，法国将不堪重负。

还有一件事，尽管不引人注目，但值得玩味，吸引了我的注意。在接受记者采访时，马琳•勒庞被问及平时爱读的书，她提到一个可作参考的作者：皮埃尔•加克索特[1]。这个名字如今已被人们淡忘。皮埃尔•加克索特是二十世纪二三十年代重要的历史学家，以其文字天赋、知识渊博和笔调尖刻而闻名于世。他同时也是夏尔•莫拉斯[2]的狂热崇拜者，是他坚定不移的知己和信徒。二战期间，加克索特拒绝了令其声名扫地的卖国行为，但实际只不过是沽名钓誉。当时他经营的报纸《我无处不在》更是与巴西拉齐[3]一起推崇希特勒主义。他终其一生都是共和国的宗派仇视者，顽固的民族主义者，以及种族主义的鼓吹者。因此，虽然国民阵线似乎发生改变，事实上与先前并无二致。国民阵线以领袖为媒介，本质上一直保持着极右派的古老传统，是对共和国的价值、历史和传承的本能否定。莫拉斯凭借极具

1　皮埃尔•加克索特 (Pierre Gaxotte, 1895—1982)，法国右翼历史学家和新闻记者，表现出反对大革命的思想和对君主政体的拥护，他是莫拉斯的弟子，1953年当选法兰西学院院士。——译注

2　夏尔•莫拉斯 (Charles Maurras, 1868—1952)，法国作家、政治理论家、民族主义者、君主主义者。二战后，莫拉斯因为跟德国法西斯合作而被判处终身监禁，并被取消了法兰西学院院士资格。——译注

3　罗伯特•巴西拉齐 (Robert Brasillach, 1909—1945)，强硬的右翼派系，反犹作家。——译注

逻辑性和煽动性的文风，甚至重新吸引了国民阵线某些知识分子的兴趣。因此，与极右派的辩论会继续上演，且一直延续下去，因为极右翼政党是一切狭隘民族主义思想和极端排外主义思想的源头，尽管表达变得更为隐晦。左派应意识到：面对这样的对手，内部的分崩离析是最致命的。当利昂内尔•若斯潘在4月21日那天被淘汰出局的时候，事出有因，我亲历了这场悲剧，他的落选固然是因为对手的强劲，但更是因为左派的四分五裂。当时说“这再也不会发生”的人，如今应牢记这一切。

另一支左派的困境

我不知道极左派是否会推出其他候选人。但毫无疑问，让—吕克•梅朗雄[1]凭借其滔滔不绝的雄辩、激进的演说以及反响强烈的尖锐攻讦，在大选中赢得了候选资格。我很熟悉这个人，社会党的每次议会上我们都互相较劲。这位直率的勇士享受着共和国参议员的身份，就像这位激进

1 法国现任参议员，2012年法国总统大选左翼阵线候选人。——译注

分子任担职业教育部长之职一向十分轻松一样。他表扬下属机构的教师，赞扬他们为促进平民家庭孩子教育、国家的强大所做的贡献。这是个很自信的人。他骗取了健在的老一辈共产党人的信任。在我和社会主义者面前，他不遗余力地表现出强大的气势。为了彰显自己，他提出支付优厚的薪酬和充裕的公共开支。但是，这意味着需要增加企业的预付款项，在一定程度上妨碍了企业生产，并侵害了大多数选民的利益；同时我们也将无力偿还债务，使我们进一步被金融市场挟持，而他也将受到公众的声讨。他是否知道，平民阶级虽然激进但很清醒呢？

无可否认，让—吕克•梅朗雄对目前不合理体系的疾呼有其独到之处。但他本人，包括追随他的积极分子以及支持他的选民们，都应反思历史上无法回避的教训：急功近利反而一无所获；而倾向于极左派，就有可能让右派掌权。团结是我们最珍贵的财富。我不是要求他加入我们，因为他刚刚离开我们。我是希望他做出改变，不要打击任何积极性，主动参与。当然这并不意味着届时他会参与到政府的事务中。我质疑两支左派的发展。并非否认我们的差异，而是说我们有义务团结起来，毫无芥蒂，不让右派最终取得掌控权。

绿党重德吗?

伊娃•乔利[1]是一位颇具个性的女人。一些当事人对此仍印象深刻。她通过一些中间人，减少了为害官场以及充斥商业交易的腐败现象，近来我们更好地了解到这些中间人的身份及其雄厚的财力。她自成一派。可能是因为她十足的信心，使她远离那些世界观与自己不同的人，从而产生了这样的影响。在揭露人性的弱点方面，她显得冷酷无情。我有时甚至想恳求些许的宽纵。这不是说要修改原则，而是因为政治本身就是一种折衷。

我跟她的区别，不在于对环境的关注，我同样也注重环保。直言不讳地说，我们的不同在于对进步的看法。如果她像尊重自然一样尊重人权，那么我就不会对经济增长这么悲观。在我看来，经济衰减不是乌托邦——而是如今的现实——但是，当面对这么多无法满足的欲望时，未来就

1　法国前任调查法官，2012年绿党总统候选人。——译注

很难展望。同样，虽然意识到迫切需要能源变革，抵制全球变暖，保证能源设施的必要安全，但我依然认为至少在未来的二十年内，核能将继续作为电力生产的主要来源。到2030年，甚至到2040年脱离核能显然是不可能的，那样只会导致电价飙升，或者需要进口煤或天然气。

我质疑某些人表现出的对高于自然实体的崇拜，他们最终都错误地将这种实体当作智慧和道德之源。我承认：这种现代的宗教虔诚与我的理性主义和人文主义背道而驰。

我知道，旧的进步理念的时代已结束。我并不依赖全能的科技来避免时代的不幸，打开通往光明未来的道路。在人类征服自然的雄心壮志中，存在着某种自负，使我们忽略了生产主义的破坏，极易造成环境污染、卫生破坏、农业生产集约化、化工风险以及二氧化碳的排放。传统的问题是，我们想控制自然；但是谁又来保证行为的自制呢？很久以来，社会主义者已经将保护自然平衡纳入计划之中。

不过，我一直相信经济的持续增长。这需要通过新能源的发展，立足于一种减少浪费的生活方式和尊重自然平衡的技术，关注生态足迹，共同抵制气候变暖，实现审慎的、有节制的、积极的经济增长。但经济总归是在增长。因为没有增长，如何通过严格投资来消除贫困，实现更大程度上的公正呢？难道要通过对收入再分配进行大刀阔斧的改革吗？我不会消灭财富。因此，在我们所能生产的财富和服务没有增加的情况下，如何恢复到一个令人满意的就业水平？如何提高购买力？如何保证遭排斥的人融入社会？我希望与绿党一起管理。五年来，社会党一直都希望如此。让绿党成为发展的力量、创造福祉的手段和平衡的准则。生态是二十一世纪的大事，构成了当下政策的一部分，以减少不平等、参与民主以及保证子孙后代的未来。生态联盟值得我们不计前嫌，和谐相处！

模棱两可的孤立

还剩下弗朗索瓦•贝鲁[1]，这位中间小党派无所畏惧的勇士。他是亨利四世的崇拜者，这足以证明他不会是个彻头

---

1 弗朗索瓦•贝鲁 (François Bayrou, 1951—)，现任法国民主联盟主席，强调“非左非右取其中”。——译注

彻尾的坏人。他说，请跟紧我的羽毛[1]。但这是一枚灰色的羽毛。他的计划是一项反计划，似乎不作任何承诺也能称得上是一种政策。在了解该政策的过程中，我对其内容的空泛而感到阵阵恐惧。

当然，他将债务危机视为亟待解决的致命危险，这与我很长时间以来的观点相一致。但是，至于其他方面，竟然是流水账！良好的意愿可谓是泛泛而谈。他自认为打开了通往未来的几扇窗户，往往是他用尽全力撞开的虚掩着的大门："法国制造"是他最新推出的变相表现。

远在贝鲁之前，阿尔诺•蒙特布尔[2]就觉察到了自由交换的越界行为，这也是我最关注的。我和贝鲁都明确无误地揭露出自由主义已误入歧途；然而，在这一点上，他仅仅止于一边质疑国家和公众的参与，一边对人们大声疾呼。他似乎轻率地将关键的原因孤立。这说明他不属于左派，即使他总是试图在这一派寻找自己的见解。此外，他政治生涯的第一步是从右派开始的，他总是不断地将再分配过剩

1 亨利四世因喜爱戴插有白色羽毛的盔甲而闻名，他的战争口号是："跟紧我的白色羽毛。"——译注

2 阿尔诺•蒙特布尔（Arnaud Montebourg, 1962— ），现任法国生产复苏部部长。——译注

的原因归咎于我们左派。我们本可以互相商讨，在民主国家，这是最起码的事。但他断然拒绝了这种选择。

他觉得自己有资格进入第二轮选举。每个人都可以相信幸运女神会眷顾自己。但孤立并不总是证明有着海纳百川的优势，恰恰相反，孤立可能导致混乱。酝酿了太长时间的模棱两可近乎是一种算计。他拒绝界定自己的多数拥护者，最终一无所获。通过解读这位著名的演说家，我的结论是，他是稳坐两把椅子之间的中间派，总是落后于一直前行的社会党派。历届选民都怀疑这种双重性。如果一个人属于左派，那么最好为左派投票。这个简单的道理可以让我们免受无心之失的困扰。尤其在总统选举中，这是提供给国家一个明确选择的唯一途径。这个人从来不排除与右派共同治理的可能，对潜在的同盟保持缄默，他能代表轮换政权吗？谨慎地保持平衡，无济于事。

从生产性条约到法国梦

当务之急，是经济复苏。经济复苏不能通过财政紧缩来实现，因为紧缩政策将导致更大程度上的紧缩，遏制经济增长的后果是加重负债。然而，这是否意味着要摆脱所有的规则和限制呢？当然不是。左派再也不会对经济现实坐视不理。我们治理过国家，我们深知经济危机的现实意义。法国位于欧洲，也处于全球化的进程中，她不可能轻易地摆脱这场危机。

我们还要把希望寄托于欧洲吗？不能。欧洲的保守党向我们承诺了一套计划，实际是对人民的束缚。我们将重新协商条约，全力倡导另一项欧洲政策。但我们要与合作伙伴共同协商，这可能需要花上一段时间。

换句话说，法国应首先依靠自己的力量。法国能拯救自己！我们应当恢复自己的经济而不是靠外来援助。我说过，法国是一个伟大的国度。这个国家有着自行恢复的能力。如果法国严格管理财政，就一定能克服债务危机。

首先，我们需要建立一张具体的减少债务的进程表。这就需要数百万储户的信任，让他们将钱借给国家政府，而这无关乎掠夺。预计从2013年起，公共赤字将下降到3%以下。在我的任期结束时，我们将达到收支平衡。如果能实现目标，那么这方面的努力就已经很成功了。要知道，欲速则不达。同时，我们会主动发起攻势，否则生产力就不会焕发生机。我们将在研究、知识和技术领域实施一项公共投资战略。这需要一笔固定开支，也就是说需要通过对信贷进行重新部署。我没有沉浸在幻想中。如果法国人做出了决定，我愿意临危受命。我会一直说实话，而不会用一些虚假的承诺和一些耗费资金的项目欺骗人民。

为了用公正的方式减少赤字，税制改革势在必行。一旦当选，我会立即执行这项改革。扩大收入税基，消除税收漏洞，进一步实现共同发展、合理化和现代化。这项政策将通过征收特权者过度的收入来得到必要的资金。而即将卸任的总统的政策则与此相反，他在加大赤字、削减富人的税收之后，想要通过增加平民的税收来弥补！这种做法让我们想到了旧制度，第三等级独自承担王室的开支，贵族阶级是最大的受益者。我拒绝这种荒谬的倒退。我将在法国实现税收的公正。

如果我是总统，我不会在上任半年后告知国民国库空虚，说我们突然需要改弦易辙，放弃之前的承诺。我要在真实的基础上长期执政。

实现公正后，随之而来的就是共同付诸努力。你们完全有理由要求共和国为你们做出力所能及的事。但首先，你们应当扪心自问可以为共和国做些什么。说出真相，无论代价有多大。这就是法国人民、明智的人民所应该做的，这是我们神圣的职责！

金融复苏还取决于经济复苏。对我来说，即是在所有的领域内，经济以工业为首。十年来，法国日渐衰落。德国工业对国民生产总值的贡献是我们的两倍。

为了加速复苏，左派不会封锁经济，不会提高统一的无形壁垒，而将致力于在全球化进程中占据更重要的地位，摒弃我国对外贸易组织中长期存在的极具危险性的幼稚举措。我将实行我所说的工业爱国主义，这并不是拒绝对外开放，而是号召互惠和公平的贸易原则：不符合社会和环境标准的产品以及利用不正当手段竞争的产品，都不能无限制地进入欧洲。

该工业爱国主义不是简单的防御，而是一项进攻性的战略。我将推出一项果敢、坚毅的法国再工业化政策。我会采取种种措施：通过恢复手工业，通过促进知识和技术的发展，通过学手艺，通过开设职业中学和大学，通过协助正在成长的中、小型企业，通过我一上任就创建的区域投资公共银行来建立新的融资体制。

这些为经济复苏所做的努力，应当在社会公正的基础之上进行。收入分配不平等，社会顶层不可思议的收入和特惠，法国养老制度不公平的改革（养老制度的改革最先打击的是那些最平凡的劳动者），中产阶级和平民阶级的购买力停滞不前，而寡头势力的购买力却持续增长，所有这些都使不公正的情绪迅速蔓延，并引起民众普遍的沮丧。如果游戏被人操控，如果社会竞争的纸牌上做了标记，那么再多的努力又有什么用？我一旦上任就出台政策，使那些年纪轻轻就开始工作并每年缴纳税金的人（41年，后改为41.5年）在六十岁就可开始退休；我将召开一次大型会议，和盟友们一起讨论有关购买力、社会保障、就业和工作条件的问题。法国人处境的困顿对国家的发展没有任何益处。改善收入分配将刺激消费，继而促进经济增长。我会把这个问题视为亟待解决的头等大事。

世　界

“外交政策如果不能首先保证国家的切身利益，就不能称之为外交政策。”

法国不是什么无名小国。她的影响更在于她的地理位置而不是国土面积，更在于她的历史而不是人口，更在于她的价值观而不是国民生产总值。法国值得期待。她在世界舞台上扮演着独一无二的角色。在自己原则的基础上，法国拥有一套均衡的世界观。

法兰西共和国举世瞩目。诚然，她的力量是微弱的，她彻底放弃了称霸的意愿，随时提防任何帝国主义复辟的萌芽。法国足够坦然地承认自己的过去，也足够自信地执行使命以捍卫自己的立场，丝毫不担心被误解。对于一些国际组织，尤其是联合国，法国也足够尊重，致力于共同维护世界和平。法国与南方国家有着一种特殊的关系，第五共和国的历届总统总是以自己的方式，致力于推动一个新的国际秩序和发展政策的产生。没有哪一任总统会缅怀极端的殖民主义思潮，试图去评价其他民族，无端地指责他们拒绝与时俱进。

在这样的情况下，法兰西共和国与世界是休戚相关的。国家首脑是传递这些信息的载体，力争在每时每刻保证国家的安全。

外交政策如果不能首先保证国家的切身利益，就不能称之为外交政策。我们都知道，外交与防御政策密切相关。因此我的想法依然不变：核威慑与我们的强国地位密不可分，正如我不想放弃在联合国安理会的否决权一样。一个政治家不能忽视历史的悲剧性。他还应当致力于和平，不能指望当今世界各地的冲突会自行消失，更不能声称能预见地球上三十年后的情况。因为正是在现阶段，一项新的防御政策会被预测、计划和组织。今天的投资将在未来几十年内发挥作用。在这样的情况下，我们需要应对所有威胁到我们的生存、独立以及切身利益的挑战，无论是现在的，还是将来的。

当今，没有什么能说明核威慑的时代已经过去。近几年，新的核力量出现了；另外一些也即将崭露头角。即使在团结的欧洲，即使在一个坚实的联盟系统内，也没有什么可以确保不会发生冲突。许多国家开始武装自己或重新武装；我们不能掉以轻心。我们为争取和平及非军事化所付出的努力，离不开我们对坚决维护自由的物质基础的信念。

因此，如果我当选，我会追随前人的步伐：皮埃尔•孟戴斯—弗朗斯最先决定制造核武器，夏尔•戴高乐建立了第一支核威慑力量，而弗朗索瓦•密特朗则注重军事力量，当苏维埃的SS20导弹威胁西方民主时，他表现出毫不退缩的坚定决心。我所执行的政策既不是进攻性的也不是防御性的，而是阻止一切潜在的侵略者，从而防患于未然，维护和平。我将继续保持我们核力量的两个组成部分，即潜艇和飞机。通过新一代的潜艇"可畏号"，我将继续发展海洋力量和现代化建设。我会继续保持空中防御的组成力量，这支力量让政治决策者，即共和国总统和未来的国家元首可以应对不断变化的威胁。随着"阵风"战机配备了ASMP-A机载核武器，法国空军拥有了世界上最精良的防御工具之一。自2010年以来，空中核力量在“戴高乐”航空母舰上开展军事行动。无论是潜艇还是空中核力量，两者都会得到进一步加强。

拥有核武器意味着法国需要承担特殊的义务，对此我当仁不让。政府会以一种均衡的方式，采取各种举措来减少世界上的核武器。法国政府与同盟一样不会放松警惕，将致力于减少伊朗或朝鲜的核扩散。安理会的法规、条约和决定应当得到尊重。

接下来，就是欧洲。密特朗曾经说过：“法国是我们的祖国。欧洲是我们的未来。”但是，这个未来需要好好地辨析，因为它虚无缥缈。欧洲应保护好自己的子民，促进经济发展，组织各成员国共同进步。然而，欧洲却因政治的不力、经济的停滞以及制度的繁琐而日渐衰弱。扩大联盟曾是一种责任：使我们得以偿还历史的债务，但如今却改变了欧盟市场力量的初步规划。

欧洲建设应当开始新的篇章，或者说金融危机横亘在欧洲前进的道路上。但经济复苏必须采纳新的方法，统一战线，而不是借助于毫无条理的行动主义。如果法国赋予我使命，那么我将以法国为中心形成两个同心圆。首先，法国和德国周围的欧盟创始国应当确立未来的任务，促进共同发展；其次，所有的欧盟成员国应根据自身选择参与到共同政策的实施中。

法国大声疾呼：欧洲体制内部如果没有一个积极而团结的整体，那么将继续停滞不前。我国的使命是，与德国携手共进。我们的双手是团结有力的，因为自从两国人民决定结束百年战争以来，德国就成为了我们的盟友，并肩同行。1963年签署的《爱丽舍宫条约》[1]已经过去五十年，我们必须重新界定我们的共同方案。

法国，同样也是地中海。这片海域汇聚了文明，但同样也引起了战争。尤其是中东冲突，如今仍然是一块没有愈合的伤疤，不时地提醒我们阿拉伯世界革命的存在。最初的喜悦之后，随之而来的是种种变数。在这样一个艰难的关口，阿拉伯世界春天的天空布满了冬日的阴霾。但突尼斯、利比亚和埃及的民主党派将得到法国的支持。对于那些需要法国的地方，法国总会如期而至：站在自由的一边。

1 1963年1月22日，法国总统戴高乐和联邦德国总理阿登纳在巴黎总统府爱丽舍宫签署了《法德合作条约》，又称《爱丽舍宫条约》，旨在化两国间的世仇为友谊。——译注同样，法国将不遗余力地在以色列和巴勒斯坦之间达成和平协议，该协议建立在诸如众所周知的“克林顿‘两国方案’”[1]的基础之上：两国国界明确，且得到对方承认，双方签署一项公平的领土和解协议，耶路撒冷为两国共有。法国将与欧洲同盟一起，努力通过谈判解决问题，否则这场持续了五十多年的冲突将继续成为动荡不安的危险策源地。

与此同时，我们的共和国也将针对非洲执行一项新的政策，这是法国的荣誉，也是她的关注点所在。非洲大陆正发挥着决定性的作用。法国将毫不犹豫地摒弃所谓的“法国的非洲”这样的陈腐之词，这个词是对非洲人的侮辱，是政治上的渎职和腐败。非洲将参与到共同发展的事业中，有力地左右共同发展的核心和比重。但是，目前还没有长期的解决方案，以解决我国的移民问题和对外贸易的再平衡。

最后，法国将致力于促进长期稳定。阿富汗战争的初衷是正义的，其目的是惩治蒙昧主义政权和恐怖主义同

1　2000年12月，克林顿提出的巴以两国间的和平建议，对此巴勒斯坦一方没有接受。——译注

谋。该战争也见证了我们与深受打击的美国人民站在同一战线。其后，这场战争愈演愈烈，远远超出了最初的使命。但美国人自己承认，西方势力的持续参与打击了叛乱，但同时对叛乱也起到了推波助澜的作用。2008年，任务的性质发生了改变。我不赞成法国回归北约军事组织，参与到始料未及的军事占领中去。是时候结束这种干预了。我在这里做出承诺，法国向忠诚而勇敢的士兵们致敬，将在2012年底之前从阿富汗撤军。

同样，法国将与新兴国家发展友好关系，中国、印度、巴西是未来世界的主要参与者。与其他许多民主国家一样，在与所有的国家，包括与南方国家建交的过程中，法国始终将促进人权视为己任。法国将毫不犹豫地对世界各地的恶劣行径进行披露，以维护多元化。在交流的过程中，法国将注重在相关国家具体实施公共自由和尊重人权的原则，并不断施加政治、道德和外交压力，以保护平民和为自由而战的勇士。同时，法国将努力在世界各地发展政治、文化和经济交流，她深信，从民主意义上讲，对于改变某些国家的独裁政权，开放的关系是最好的方法。法国所捍卫的原则可以追溯到法国大革命时期。她在守护这些原则时既不狂妄也不天真，同时提防所有可能占据上风的微妙的类似原则。也正是这样，法国将她的语言作为一种文化、交流和多元化的馈赠，传播到世界的每个角落。这也是对那些让我们感到荣幸的对话者的赠与和感谢。正因如此，我将实施一项推广法语的政策。

一项考虑到本世纪关键因素的外交政策，同样也需要应对那些威胁到地球生态平衡的危险。法国应当在国际环境谈判中发挥作用。从今年六月召开的“里约+20峰会”[1]开始，我将表明决心，力求最终取得具体成果。我会考虑对世界贸易组织进行改革，并在无数现存组织的基础上，建立一个世界性的环境组织。“对于每个人和每个地方，我们的任务是一样的，那就是使地球母亲成为我们的家园和花园、庇护所和天然粮仓。”这句话不是我说的，而是密特朗说的。我会继续努力执行这个刻不容缓的任务。

1 2012年6月在巴西里约热内卢召开的“联合国可持续发展大会”，也称“里约+20峰会”。——译注

青年一代

“如果在我五年任期结束时要论功过，我希望能够以是否改变了孩子们的命运和生活来衡量。”

我还没有到追忆往昔的年纪，这毕竟还为时过早。我更多地操心于未来而非过去，除非当后者有助于解决当前的问题时，我才会回顾历史。我二十岁那年，未来好像一页白纸。与所有50后和60后的人一样，我心中始终埋藏着一段热血青春的回忆，渴望干大事，书写集体或个人史诗般的传奇。这是一个时代的希望，但更多的是年轻人的希望。我常常扪心自问：我们的梦想最终都怎么了？我们是否曾将梦想付诸行动，化为足以让我们引以为豪的前进步伐？还是这些梦想已在时光的流逝中被淡忘？我们还能实现这些梦想吗？如今这一代的左派政治家，的确，他们的执政经验少于右派，却始终恪尽职守，他们又当如何总结呢？

被牺牲的一代

尽管我赞同利昂内尔•若斯潘提出的“清算的义务”[1]，认为这是一个新的政治时代开始的前提，但是我并不太赞同其自我反省或鞭笞的方式。我认为左派政党在法国的大规模改革十分重要。在这里，我不想一一重复。然而在促进公民自由、改善社会权利和振兴经济方面，左派所做的已远远超过他们应尽的义务。而我这么说，也早做好了面对右派尖刻谴责的准备。1982年通过的60岁退休制度，当时受到很多14岁就开始工作，每周工作35小时的老工人的支持。尽管该制度在执行的层面显得过于刻板陈旧，但赋予了许多企业在组织工作上的灵活性（这些企业从未就此抱怨过），此外还创造了更多的工作岗位。然而今天，新

1 “清算的义务”(Devoir d’ inventaire)：1995年1月，法国前总理若斯潘在大选中就对手弗朗索瓦•密特朗此前的两届七年任期提出了“清算的义务”这个概念，认为政府有义务对其任期内工作、政策完成情况进行反思并逐条清算。——译注

的、统一的岗位招聘需求越来越少。应当看到，60岁退休制绝不是一场备受期待的改革或是标志性的举措，而是一个极为严峻的挑战。假如这就是我们留给后辈的命运，我必须承认，我对此极为愤慨。如果还有什么是我们迫切的使命，那就是去改变我们后代的命运！不！我们没有权利将一切原封不动地交给后辈们解决！不！我们怎么能安于现状！不！我们决不能让年轻人将来的生活条件跟今天一个样！

有人对我说："改变年轻人？每个人都赞成！这是一个公认的，甚至是很寻常的目标，人们会一直努力达成这个目标。我们可从不指望你们。"说这些话的人并不清楚自己究竟在说些什么，他们不了解自己所生活的时代，甚至忘记了不同年龄层之间的代沟。诚然，统计数字表明，在二十世纪六十年代，我们远比今天贫穷。当时的世界受到冷战和核战争的威胁，即便不比今天更危险，也至少同样危机重重；政治冲突激烈尖锐，或许比今天尤甚。但那时全社会都对明天充满信心，各种思想百家争鸣。这是当时社会融合的一个缩影。那时候，一位青年从初中、高中或者大学毕业后就能立即找到工作，尽管往往辛苦又收入微薄，但的确是一份工作。无论学习时间长短、学校好坏，他完成了学业后，就可以毫无障碍地步入职场，开始规划人生，制订方向。他能自主生活，期待升职，独立理财，带薪休假，存养老金，买房子，成家…… 而我的孩子们——上一代人稳定生活条件的最大受益者——却觉得我向他们所描述的这些，好像一个遥远的理想国。今天数百万的青年人又怎样呢？有些人必须奋斗多年，只是为了一个稳定的生活，尽管他们条件出众，学历很高；有些人已习惯于动荡不安的生活，屈就在不重要的、临时的岗位实习；还有一些人彻底放弃希望，自我放纵，用毒品或者各种非法交易来逃避生活。

一言以蔽之，这是整整一代人生活质量的下滑。从他们出生之日起，失业危机就如影随形。今天有五分之一的法国青年人生活在贫困线以下，一半的青年雇员只能签订短期工作合同，而半数的法国贫困人口都不足35岁，在一些地区25岁以下的青年人的失业率已超过40%！警察最了解这种社会状况：当犯罪团伙比正当生意更稳定可靠时，他们就再也无法维护社会治安。在许多地方，青年人成了企业中各种名目的改革裁撤的对象。当他们没有签订可靠的工作合同时，就没有正式岗位也不能享有任何补助，这样的实习工作让他们羞辱，终日惶惶，勉强维持生计。对于他们而言，这出现代可耻的寻找圣杯[1]——一份长期工作合同——的过程让他们处境艰难。他们接受过比任何一代人更久的教育；他们投出的简历上学历比任何人都高，经历比任何人都丰富；然而在初入职场时，他们却遭遇了比任何一代人都多的困难。这种困境持续了两年、三年、五年……他们在实习时学习，在学习时实习，在失业时实习……这种命运俨然是这代人的共同遭遇。这样的遭遇影响了他们的整个生活，进而波及到本来已经起步较晚的事业，工作更迭频繁，令人失望。而保住工作和找到工作同样困难，年轻人总是公司中最晚入职的，却最早被辞退。从经济的角度看，他们是一种流动因素。家庭紧随其后，然后成为受害者的就是孩子们，收入得不到保证时，家长就无法给孩子提供良好的成长环境。他们只能求助于自己的父母或朋友，绞尽脑汁、省吃俭用，终日生活在社会环境带来的不幸和

1　寻找圣杯（la Quête du Graal）：圣杯是亚瑟王和圆桌骑士的故事中神秘、神圣的物品，“寻找圣杯”本身被赋予了丰富的宗教涵义；现在，可以引申为非常难以实现的目标，这里用来比喻长期工作合同。这是一种讽刺的说法，意在谴责萨科齐政府未能解决一个很简单的社会问题。——译注

痛苦中，而这些年轻人自己的事业还未真正起步。然而媒体和广告还不停地捧杀这代年轻人，让他们沦为时代的牺牲品。

一切是否已成定局？社会的命运已经盖棺论定了吗？年龄的法则难道被颠覆了？我绝不认同这样的看法。我们对后代负有神圣的义务，而没有任何权利让他们的未来步入绝境。这也是为什么在这次大选中，我会如此严肃地优先提出年轻人的问题。任何一个名副其实的政府都应这么做。我们能够付诸行动，即使效果不一定会立竿见影，进步不可能一蹴而就。另外一个应立刻开展行动的原因是，这个目标显然跨越了几代人。促进该目标的实现，是我们所有改革计划成功的必备条件。这里我说的并不限于改善退休人员待遇问题，尽管这也十分重要。更应当提升法国人创新思维的能力，激发创造性，大力发展新科技，丰富新知识。法兰西是欧洲最年轻的国家，这也是法国能不断推陈出新的原因，在十五年到二十年内，法国还将成为欧洲人口最多的国家。同样，青年不是消费钱财而是投资，不是负担而是机遇。

首先从幼儿教育谈起。我注意到在3岁以下的幼儿中，现在仅有13.6%上托儿所。在与一些市民的接触中，我了解到这种情况在许多家庭中是很普遍的，他们一般是夫妻双方中一人辞职专门照顾孩子，不然就请自己的父母和朋友帮忙。在这种情况下，保障妇女工作权利问题只是空谈。鉴于此，我提议为幼儿建立一项公共服务，通过与政府、家庭补助协会和地方政府签订合同，将保姆服务网络引入幼儿园接待处。接下来，我想谈谈中学。我认为应当保证一个共同的知识体系基础，从而保证每个学生都能掌握未来独立生活的工具。在学生的整个学习过程中，应该加入一个个性化的引导系统。与此同时，需要减少学业跟不上的现象，在我看来这非常重要。那些觉得理解基本知识有困难的学生，尤其是因此退学的学生应得到特别的重视。帮助他们最终成功地完成学业，而不是让他们本已疲惫的学习生涯充满失败的挫折和各种羞辱。今天有大约15万年轻人离校时，未能获得任何文凭或资质证书，这些人的存在说明我们需要一种新的教育领域的公共服务措施。

最后，法国民主化的原基——高等教育。十年来，大学里工薪家庭的学生数量在减少。许多学生在最初几年急于求成，最终遭遇失败，他们的家庭也为此白白浪费可观的开销。我提议，在大学第一阶段的教育[1]之后开设一个更为职业化的教育分类，其文凭可以直接与工作岗位挂钩。开门见山地说，在我看来，将自主管理权下放给大学，是萨科齐所做的为数不多的实事。然而，大学自主管理不应被视作高等教育机构间的竞争，而应适应经济发展需要，成为一种在地区、城市或大区层面的通力协作。我将更为重视培训。我指的不仅仅是见习期，后者一贯是政府解决青年人出路的唯一途径。我想呼吁的是，每个青年人在大学里都应有带薪实习的经历，而且寻找实习机会绝不应跟找工作一样难。

为了完善这个计划，我在这次大选中引入了一个新概念，即“代际合同”。这个计划不是只针对年轻人而完全排除其他年龄层。我确信，该政策不会出现玛蒂娜•奥布里女士曾在初选时与我讨论过的那种意外。我的计划很简单：雇主在一段固定的时间内延期雇佣一个老员工，使其能够在相应时间退休；同时招聘一个不超过25岁的青年职员；

1　法国大学分三阶段：第一阶段为大学前两年，毕业后获大学基础文凭。——译注满足了这两个条件，就可以完全减免这两个岗位五年内的社保分摊费。老员工将经验传给青年员工，二者共同促进企业和国家发展，而他们都可以受益于现有的社会减免费用的再分配。这是个绝佳的主意！特权系统、社会生态、津贴、优惠、减损法律效力，都结束了！年轻人和老员工将在新的岗位上团结一致，同心同德。

最后，我想提一提年轻人的自主权问题，这是一个人能够独立地认识自己、自我实现的最基本权利。我将针对那些正在接受教育的年轻人设立一项学习基金，只要他们是需要补助金的人或者对社会有贡献的人。每一位公民只要为国家尽力，就会获得国家的资助。

重燃希望

我郑重地对我的祖国起誓：未来五年我将注重民族振兴、社会公正和年轻一代，把希望重新还给今天被忽视已久的年轻人。一个国家，如果年轻人没有朝气，那么这个国家就没有前途可言，法国也一样。如果年轻人被边缘化、被漠视、被遗忘，没有任何人会真正地开心！如果每个法国人的第一份社会经历都让他们感觉挫败、沮丧和苦涩，那么这个社会就是失衡的。在那些贫困地区，大多数年轻人都遭受了这种境遇，还要因此受到歧视，社会公正对他们来讲尤为重要。我们全社会要做的，不仅仅是透过豪言壮语认清亟待解决的问题，还应为那些已经安家立业的人创造福祉，并让老年群体更好地享受社会的关爱和公共支出。把属于年轻一代的未来还给他们，这是一个至关重要的使命，是这次总统选举的任务，也是社会集体行动的意识。如果在我五年任期结束时要论功过，我希望能够以是否改变了孩子们的命运和生活来衡量。

改变，就是现在

从1965年起，每次总统选举都至关重要。无疑，没有任何一届总统竞选无足轻重。任何一届选举都会得到当代人的重视，更不必说那些角逐者，尤其是最终的胜利者。

那么，2012年的大选有什么独特之处？一场危机，这场跨领域的危机席卷了整个欧洲，影响欧元的稳定，进而威胁欧盟的团结。这场爆发于地中海南岸地区的政治动乱，消除了国内的腐败，但新组建的政体是选择民主还是神权，目前尚未可知。

世界经济一体化使世界的创新和活跃的中心在很大程度上向亚洲转移。民意调查显示，法国经济最终会成为衰退的一员。我对此不以为然，对于一个像法国这样总能创造“例外”的国家来说，这样的论调没有任何意义。二战后，法国经历了严峻的考验：失业率破纪录，财政赤字，历史遗留的公共债务，持续的反工业化过程，竞争力下降和零增长！社会财富再分配、医疗保障和退休人员待遇的不公平则更为严重。国土的解体带来了社会结构的破坏，史无前例的暴力事件加剧了民众的不安全感和软弱感！

今天，再次面对历史遗留问题，左派能否有所作为？能否改变这种不公正、不公平、四分五裂的法国社会？要让我们曾经傲视他国、引领进步潮流的祖国继续身陷质疑和强烈的信任危机吗？

除了要摆脱这种危机，左派最终还应做些什么？除了恢复平等，重塑理性的荣誉，完善有责任感的个体，左派还应做些什么？除了共和制度的承诺，除了对进步充满信心、对年轻一代优先关注，左派最终还应做些什么？这是法兰西的梦想，永远不会消失，这是法国摆脱危机的希望。

我希望通过所有人的努力，让法国重新成为世界各国的榜样。我希望恢复一个不落下一个人、同心同德的共和国。一个倡导功德、劳动、成功，与没有规则的全球化的卑劣行径作斗争的共和国。一个尊重地球、尊重地球上的所有人及其子孙后代的共和国。一个对所有公民一视同仁，关心并让他们自豪，拒绝遗忘或放弃其中任何一个人的共和国。一个属于二十一世纪的共和国！

为了一个和谐的法兰西，我希冀一个模范的总统任期。因此，为了这场决定性的选举，我要与你们相约。我需要你们每一个人的时间、热忱和信任。我们相约在4月22日和5月6日。改变，就是现在！

附录: 奥朗德生平年表

1954年　出生于法国鲁昂

1974年　担任法兰西学生联合会主席, 组织校友为密特朗竞选总统呐喊助阵

1978年　与同为政治人物的赛格林•罗亚尔交往(两人同居30年, 并育有四子)

1979年　正式加入社会党

1980年　毕业于具有“总统摇篮”之称的国家行政学院, 并进入审计院工作

1981年　成为密特朗总统府顾问

1988年　当选国民议会议员

1993年　竞选议员连任失败

1997年　再次当选国民议会议员

1997年　担任社会党第一书记（直至2008年卸任）

2001年　当选图勒市市长

2006年　与资深政治记者瓦莱丽•特里维勒相恋

2007年　对中共十七大召开致以最诚挚的祝贺，并致电胡锦涛，祝贺他当选中共共产党第十七届中央委员会总书记

2008年　当选科雷兹省议会主席

2011年4月1日　宣布参加社会党总统候选人初选

2011年10月16日　成为2012年总统大选候选人

2012年2月21日　派出特使在北京会见中共中央对外联络部长王家瑞

2012年5月6日　成为法国第五共和国继密特朗之后的第二位左派总统

2012年5月15日　入主爱丽舍宫，正式就任法兰西第五共和国第七任总统